묘책

묘책

박연준 산문

작가의 말

당신의 묘책은
무엇인가요?

    오래전 남편이 제게 잘못을 저질렀습니다. 그는 사과를 하며 뜬금없이 장자의 '빈 배' 이야기를 하더군요. 지금 이 일은 아무 일도 아니다, 당신에게 다가와 부딪힌 배가 빈 배였다면 허허 웃고 말 텐데 배에 사람이 타 있으면 돌연 화를 내게 되는 거 아니겠냐고 했습니다. 열변을 토하는 그 앞에서 제가 뭐라고 했을까요? "빈 배 같은 소리하고 있네!" 버럭 화를 낸 기억이 생생합니다. 장자 따위 집어치우라고 등을 돌리며 성을 냈지요. '빈 배' 이야기를 몰라서 그런 게 아니었습니다. 다만 사람이 제게 부딪혀올 때는 늘 '사람으로 그득하게 찬 배'가 부딪혀오는 것 같았거든요. 화의 불씨가 커지다 불이 나게 되고요.

 십수 년이 지난 뒤 저는 깨달았습니다. 고양이야말로 장자가 말하는 '빈 배'라는 걸요. 장난을 치다 제 팔을 할퀴어도 자고 있는데 배 위로 점프해 올라와 오장육부가 움찔해도 바라보면 빈 배인 거죠. 허허, 이 녀석 물길을 타고 흘러들어왔구나 하고 웃게 됩니다. '우다다'를 하다 커다란 유리액자를 산산조각으로 깨트려도, 새로 빨아놓은 이불에 토를 해도 빈 배가 부딪혀온 것처럼 화가 안 납니다.

 그러므로 누군가 타고 온 배가 빈 배라면 신기한 일입니다.
 그러므로 누군가 타고 온 배가 빈 배라면 사랑의 일입니다.

 저는 동물을 사랑하는 이들의 눈에서 사랑의 본질을 봅니다. 아무 바람 없이 그저 존재해주어 감사하다고 고백하는 사람들의 눈에서요. 사랑으로 맺어진 사람들 간에도 미움, 질투, 기대, 실망, 노여움 따위가 들러붙지만 그들이 자신의 반려동물 앞에서 보이는 눈빛은 다르더군요. 밥을 잘 먹고 똥을 잘 누고, 건강히 존재해주면 더 바랄 게 없다고 하는 이들! (당신의 가족이 "오늘부터 나 밥을 잘 먹고 똥을 잘 누고 건강히 존재만 할게" 말한다면 여러분은 어떤 반응을 보이실 건가요? 하하하!)

'빈 배'로 다가오는 제 고양이들을 떠올립니다. 흰 고양이와 검은 고양이지요. 어떻게 이렇게 마음이 커졌는지, 언제부터인지 모르겠습니다. 다만 사랑의 궁극, 그 가운데에 무얼 심어볼 수 있을까 궁리합니다. 그 끝을 따라가면 무얼 만날까 생각하죠.

서른 무렵 노자의 『도덕경』만 잡으면 읽다 졸았습니다. (장자에 이어 노자 타령이냐, 네 나이가 백 살이냐 타박해서도 좋아요. 요새 제 마음이 그런 걸요.) 도가 무엇인지 무위가 어떠한지 알쏭달쏭한 이야기로 가득하다 생각했지요. 책을 읽기 시작하면 십 분도 안 되어 잠이 오더군요. 아직 혈기가 왕성하니 노자를 읽을 때는 아닌가보다 생각하고 팽개쳐두었습니다.

철이 좀 들었으니 이제 노자를 펼쳐볼까 하는 생각에 며칠

전 노자를 해제한 책을 구경하는데 눈이 환해졌습니다. "큰 네모는 모서리가 없다(大方無隅)."(도덕경 41장)는 대목을 마주했거든요. 큰 네모는 모서리가 없다니! 큰 네모라면 그 형태를 다 보기 어려울 테니 각이 있을 리 없지요.

그렇다면 큰 사랑은 어떨까요?
사랑하는 마음이 너무 크면 그 형태나 의미를 다 알기 어려울까요?

제 사랑은 작습니다. 겨우 모래 한 알 크기만 해요. 그러나 제 딴에는 작은 우주를 담은 커다란 모래 한 알입니다. 그쪽으로 향하는 마음은 곡선이고 휘어짐은 사랑의 속성이라 알아요.

이 책에는 열여덟 편의 '묘생묘책猫生猫策'과 열여덟 편의 '집사묘시執事猫詩'가 수록되어 있습니다. 제 첫 고양이 당주를 화자로 내세워 고양이의 일상을 그리고 인간을 어떻게 바라볼지 상상해 썼습니다. 산문 뒤에는 고양이를 소재로 쓴 시를

한 편씩 곁에 두었지요. 열다섯 편은 새로 썼고, 세 편은 시집에 들어 있는 시 중 특별히 아끼는 것을 수록했습니다.

사는 게 어렵다고 느낄 때마다 저는 '고양이처럼 살자'고 다짐합니다. 좋아하는 것을 하고, 싫어하는 것은 하지 않고, 싫은 존재 앞에서는 하악질하고, 무서울 땐 숨고, 불안할 땐 높은 곳에 올라가고, 창밖 풍경을 오래 바라보고, 잠을 푹 자고, 사랑하는 존재에게 가서 등을 내보이고 얼굴을 비비며 살자고 생각하죠.

고양이는 자기 자신을 가장 사랑합니다.
여기에 묘책이 있지 않겠어요?

당주가 들려드리는 이야기, 다소 엉뚱하고 잘난 체하지만 영 틀린 말도 아닌 이야기를 들어주세요. 이 책은 제가 쓴 책들 중 가장 재미있고 밝고 따뜻한 이야기랍니다.

이 책을 진두지휘한 제 고양이 당주와 헤세에게 감사합니다. 산문 연재 기회를 준 샘터의 관계자 분들과 책을 공들여 만들어준 난다 식구들, 저와 고양이들을 돌보는 석집사에게도 감사 인사를 전합니다. 참, 당주와 혜세를 길에서 구조해 저희와 묘연을 맺게 해준 카페 루버월 사장님 부부께도 깊이 감사드립니다.

사랑이 많은 여러분께 묻습니다.
당신의 묘책은 무엇인가요?

2025년 겨울
박연준

차례

작가의 말 • 4

| 묘생묘책 1 | 내 이름은 당주예요 • 13
| 집사묘시 1 | 흰 마차 • 21

| 묘생묘책 2 | 이상하고 가여운 인간들 • 27
| 집사묘시 2 | madness • 35

| 묘생묘책 3 | 고양이가 아침을 여는 법 • 41
| 집사묘시 3 | 파 드 샤 pas de chat • 49

| 묘생묘책 4 | 이게 아무 일도 아니라고? • 55
| 집사묘시 4 | 내 검은 숲 • 63

| 묘생묘책 5 | 나는 화단을 가꾸듯 기분을 가꾸거든 • 69
| 집사묘시 5 | 신 • 77

| 묘생묘책 6 | 천재 고양이의 고민 • 81
| 집사묘시 6 | 왈츠 • 89

| 묘생묘책 7 | 우린 너무 달라 • 93
| 집사묘시 7 | 묘수 • 101

| 묘생묘책 8 | 내가 싫어하는 것들의 목록 • 105
| 집사묘시 8 | 호구 • 113

| 묘생묘책 9 | 어머니 전 상서 • 119
| 집사묘시 9 | 아빠에게 • 125

묘생묘책 10	평화란 무엇인고? • 129	
집사묘시 10	시와 새 • 137	
묘생묘책 11	그녀가 일하는 법 • 143	
집사묘시 11	캣타워 • 149	
묘생묘책 12	나쁜 소문은 나쁜 바람을 일으키지 • 155	
집사묘시 12	고양이는 슬플 때 변신한다 • 163	
묘생묘책 13	내가 좋아하는 것들 • 167	
집사묘시 13	취 • 175	
묘생묘책 14	생방송 야옹 아침 • 181	
집사묘시 14	헤어볼 • 189	
묘생묘책 15	당신의 세상은 작고 깨지기 쉽다 • 193	
집사묘시 15	고양이 • 201	
묘생묘책 16	여행 가지 마! • 205	
집사묘시 16	속수무책 • 213	
묘생묘책 17	치통보다 아픈 건 불통! • 217	
집사묘시 17	마리아 엘레나 2 • 225	
묘생묘책 18	여름밤은 사랑을 고백하기에 좋지 • 229	
집사묘시 18	도착 • 237	

묘생묘책
猫 生 猫 策

1

"누군가와 잘 지내고 싶은데 관계가 냉랭해져 고민이라고?
상대의 발치로 가서 엉덩이를 대고 먼저 잠들어버려. 적어도 나는 이 방법이 통하지 않은 적이 한 번도 없었거든!"

내 이름은 당주예요

내 이름은 당주當主. '현재의 주인'이란 뜻이다. 이웃 이모가 지어줬다. 내가 이 집에 도착한 날 냉큼 이름부터 지어 보냈다. 이름이나 제목 짓기, 누군가의 운명에 빛 한줌을 보태는 일을 낙으로 삼는 사람임이 분명하다. 고양이라면 그쯤은 그냥 안다.

이름은 단박에 마음에 들었다. 흔한 이름은 질색인데다 나는 과거나 미래엔 관심이 없고 언제나 현재를 향유하는 편이니까. 말을 시작한 김에 그날 이야기를 좀더 해볼까. 나는 여자들에 둘러싸여 이 집에 왔다. 나를 길에서 구조한 여자, 한

달간 임시 보호한 여자, 그리고 이제 나를 입양한 여자까지. 셋은 걱정을 한 모금씩 입에 머금은 표정이었다. 연집사가 석집사에게 내 입양을 상의하지 않았던 탓이다.

"몰라, 갑자기 이렇게 되어버린 거야. 나도 오늘 처음 봤어. 보니까 데려오고 싶더라. 우리 오랫동안 고양이 기르는 일에 대해 얘기했잖아. 나중에 꼭 기르자 하고는 자꾸 미뤘잖아. 이 아이 눈을 봐. 응? 한 번만. 눈 좀 들여다봐."

연집사는 연기에 취미가 있는 게 분명했다. 비련의 여주인공처럼 석집사를 향해 간청하다가 타박하다가 울먹이며 호소했다.

"고양이는 아무 문제가 없어! 문제는 나랑 조금도 상의하지 않은 당신이지. 어떻게 그럴 수 있어? 이렇게 중요한 문제를. 얼마나 큰 책임이 따르는 일인지 알기나 해?"

싸움은 그들의 사정이고 나는 이 집이 궁금했다. 연집사가 이동장 문을 열어줄 때까지 울어젖혔다. 나는 문이 열리자마자 고개를 들고 집 곳곳을 살펴보는 데 착수했다. 혹시 다른 고양이나 천적은 없는지, 높이 올라갈 곳은 충분한지, 음식이 있는지, 집 구조는 어떤지 알아봐야 했다.

"어머, 애 좀 보세요! 낯도 안 가리고. 정말 '개냥이'죠? 사람을 얼마나 좋아하는지 검사 때문에 며칠 머물던 동물병원에서 이런 고양이는 처음 본다고 야단이었어요. 얼마나 사교성이 좋은지!"

"이렇게 처음부터 겁을 안 내는 고양이는 드물어요. 고양이는 얼마나 깨끗한지 몰라요. 개보다 손이 덜 가죠."

같이 온 분들이 나를 칭찬하는 소리에 하마터면 기분이 좋아질 뻔했다. 그러나 석집사는 팔짱을 끼고 등을 보인 채 창밖만 바라보았다. 창밖으로 저녁이 오고 있었다.

싱숭생숭한 마음에 몇 번 더 소리를 높여 울어보았다. 연집사가 괜찮다고 속삭였다. 피곤이 몰려왔다. 그간의 일들이 떠올랐다. 최초의 집사에게 파양되어 거리를 떠돌던 시간, 노부부 집으로 입양을 갔다 새벽에 쓸쓸도 하여 시조 몇 수를 '야옹야옹' 읊었더니 두 달 만에 내쫓긴 일, 고양이 다섯 마리가 있는 임시 보호처에 한 달간 머무를 때 고양이들의 텃세로 고생한 일이 죄다 떠올랐다. 석집사에게 이런 사정을 말하고 싶었지만 그만두었다. 내가 왜? 고양이의 자존심이 있지.

그냥 잠들어버리기로 했다. 나를 이 집으로 데려와준 분들이 사료와 간식, 화장실을 놓아두고 돌아간 뒤였다. 석집사와 연집사 사이는 여전히 냉랭했다.

그날 밤 어디에서 자야 할지 고민하다 거실 소파에 모로 누워 잠든 석집사의 발치에 자리를 잡았다. 냉혈한인 줄 알았는데 석집사의 발은 의외로 따뜻했다. 잠든 나를 살펴보려고 연집사가 몇 번이나 기웃거렸다.

다음날 아침, 내 이름을 지어준 옆집 이모가 분위기를 더 살

벌하게 해놓았다. 이모는 이제부터 날 섬기겠다는 마음이었는지 온라인마켓 '새벽배송'으로 선물을 잔뜩 보냈다. 연집사가 현관문을 열었을 때 크고 작은 상자가 연집사의 키보다 높게 쌓여 있었다. 연집사는 문을 닫고 싶은 듯 울상을 지었다. 이모는 내가 쓸 스크래처 두 개, 화장실용 모래, 다양한 사료와 간식, 장난감을 보냈다. 알고 보니 그중 몇 상자는 이모가 키우는 두 고양이, 무구와 무아를 위한 용품인데 실수로 이곳으로 같이 배달시킨 것이었다. 어쩐지 많아도 너무 많더라! 이모 덕분에 스크래처를 박박 긁으며 마음의 안정을 취할 수 있었다.

비밀이 하나 있다. 연집사는 몰랐겠지만 이 집에서 잠든 첫날, 석집사가 내 머리를 몇 번이나 쓰다듬어주었다. 그의 마음이 내 쪽으로 휘어지고 있음을 느낄 수 있었다. 이튿날엔 연집사 모르게 낚싯대를 흔드는 놀이로 내 기분을 맞춰주기도 했다.

그는 처음에 나를 "고양이야" 하고 불렀다. 그러다 "당주야"

"우리 당주" "아빠 딸" 하는 식으로 바꿔 불러 연집사에게 이런 핀잔까지 들었다.

"고양이 안 키우겠다던 사람이 누구였더라?"

이 일을 두고 '이웅'이란 고양이를 키우는 이모가 사자성어를 지어 보내왔다. 석집사의 이름 두 자와 내 이름 두 자를 합쳐서 지었다나? '당주석주當主錫周.' 처음엔 데면데면하지만 나중엔 둘도 없이 친한 사이로 발전하게 되는 관계를 뜻하는 말이란다.

이 모든 일이 몇 해 전 봄날에 일어났다. 지금은 석집사가 연집사보다 더 나를 아끼고 보살핀다. 당신이 내 존재의 시원始原을 묻는다면, 진심으로 사랑받기 시작한 이날의 기억을 꺼내 보이겠다. 내게 진정한 봄이 찾아온 날이었다.

집사묘시
執 事 猫 詩

1

"세상에서 가장 무지몽매한 신하 되기,

그런 건 자처하는 거란다

내 영혼을 입에 물고 멀리 가는 흰 말"

흰 마차

상전 上典이란 말 재밌지
"예전에, 종에 상대하여 그 주인을 이르던 말"이라는데

예전은 무슨?
지금도 상전은 있어

너는 나를 눈빛으로 묶어두지
꼬리로 친친 감지

네가 아플 때

병원에 갈 때

털을 밀고 마취하고 수술하러 들어갈 때

수술 마치고 나올 때

차를 타고 집으로 올 때

집에 와서 역정을 낼 때

역정을 거둘 때

회복해 밥 먹을 때

고요히 잠들 때

내가 상전을 만났구나

생각하지

당주 아가,

밤의 창가에서 나는

어둠을 향해 충성을 맹세하지

훌훌 마음이 풀려

냇물처럼 맑어지지

옛날에는

주상전하를 사랑한다고 머리를 조아리던 대감들

애愛로 가득해 애타던 흰 수염들

엎드려 절하는 늙은이들의 사랑,

전하를 향한 신臣의 마음만이

진짜 사랑이었다지?

밤이 새벽으로

새벽이 조금 덜 아픈 아침으로

넘어갈 때

너는 언짢았던 마음을 풀고

애愛로 가득한 눈밭에서 나를 부르지

아, 상전은 아름다워!

나는 수렁에 빠져버리지

아늑하니까

세상에서 가장 무지몽매한 신하 되기,
그런 건 자처하는 거란다

내 영혼을 입에 물고 멀리 가는 흰 말

무엇도 너만큼은 아니지
내릴 수 없는

흰
흰

마차

묘생묘책

猫 生 猫 策

2

"뚱뚱해서 살을 빼고 싶다고?
기억해. 자기혐오에 빠진 고양이는 없어. 고양이라면 스스로의 모습이 어떻든 지금 자기 모습을 가장 아끼는 법. 뚱뚱하면 어때? 그루밍하는 데 문제없으면 됐지."

이상하고 가여운 인간들

 인정하자. 나는 이 집에 사는 두 인간에게 호감을 갖게 됐다. 그렇게 조심하려 노력했는데 마음이 풀어지다니! 내게 잘 보이고 싶어 굽실대며 애를 쓰는데 어쩌겠는가. 마음 귀퉁이를 조금만 내준다는 게 이렇게 됐다.

 연집사가 내 간식에 물 한 스푼을 섞어 내놓아도 모른 척해준다. 내 음수량을 높이기 위해서라나?

 "물을 좀 타도 당주는 몰라. 깜빡 속거든."

내가 버젓이 듣고 있는데 이런 얘기를 하는 게 괘씸하지만 집사의 성의를 봐서 아량이 넓은 내가 참아야지. 나로 말하자면 최고로 좋아하는 간식 '츄르'의 농도가 일 퍼센트라도 옅어지면 기가 막히게 알아채는 예민함을 지닌 고양이지만, 이 집에 사는 인간들을 이롭게 하려는 마음으로 참고 먹어주겠다 이 말씀이다. 물이 섞인 츄르라도 먹다보면 맛있게 느껴지는 것도 사실이다.

내겐 높은 곳을 오르내릴 수 있는 튼튼한 네 다리, 백팔십 도 이상 회전하며 작은 소리도 감지할 수 있는 한 쌍의 귀, 동체시력을 자랑하는 커다란 두 눈, 무언가를 즉시 파악하는 데 사용하는 기민한 코, 털을 깔끔하게 유지하도록 돕는 혓바닥이 있다. 나는 내 몸의 기능에 만족한다. 외모도 괜찮은 게 분명하다. 연집사가 화장실에 갈 때도 들고 다니는 스마트폰에 대고 이렇게 말하는 걸 들었기 때문이다.

"새하얀 털이 얼마나 부드러운지 몰라. 눈은 옥색인가, 비취색인가? 초록색은 아니고 옥색이 맞겠다. 분홍색 작은 코는 얼마나 깜찍한지! 시옷 모양으로 다문 입매가 제일 귀여워. 고양이는 완벽해!"

호들갑을 떠는 집사의 모습이 우아함과는 거리가 멀어 보였지만 '그만큼 내가 근사해 보인다는 거겠지?' 싶어 나쁘지 않았다. 처음엔 연집사의 이 점잖지 못한 모습 때문에 가까워질 수 없을 거라 생각했다. 발소리는 크고 물건은 허구한 날 떨어뜨리고 뭘 먹든 흘리고 내가 기껏 그루밍해놓은 털을 헝클어놓고!

말이 나와서 말이지만 인간은 좀 이상하다. 모자란 구석이 많다. 몸에 털도 없지, 귀는 두 개나 있지만 큰 소리든 작은 소리든 제대로 듣지를 못한다. 현관 밖에서 누군가 엘리베이터를 타고 오가는 소리가 내 귀엔 또렷이 들리는데 태평하게 텔레비전이나 보고 있다. 위험한 일이 벌어질까봐 내가 예의 주시하고 있으면 이런 한심한 소리를 한다.

"너 혹시 귀신 보니? 아무것도 없는데 뭘 보고 있어? 개나 고양이는 귀신을 본다던데."

 바닥에 앉았다 일어설 때마다 '에구구' 소리를 달고 살고 낮은 곳이라도 점프로 이동해 사뿐히 착지하는 걸 본 적이 없다. 기분이 좋은지 춤을 추는 것을 본 적은 있는데 내가 보기엔 중심을 못 잡고 이쪽저쪽으로 비틀거리는 것에 불과하다. 이상한 점은 또 있다. 나 같으면 고양이에 비해 한참이나 모자란 신체 기능이 걱정스러울 텐데 쓸데없는 것을 걱정한다.

 연집사만 해도 그렇다. 튼튼한 다리 대신 길고 가느다란 다리를 원한다며 허벅지와 종아리 사이에 반죽 밀 때 사용하는 방망이를 끼우고는, 무릎을 꿇고 앉아 '아이고' 하며 신음한다. 종아리에 박인 알을 풀어야 한다나? 아프면 멈출 법도 한데 오만상을 지으며 엉덩이를 요리조리 들썩인다. 괴로워 보여 내가 가서 말려보려는데 "당주야, 귀찮게 하지 말고 저리 가" 하며 밀쳐내는 게 아닌가.

밥을 잔뜩 먹고 살을 빼야 한다며 매트에 누워 몸부림을 치기도 한다. 내일부터는 절식을 한다는 둥 지키지도 못할 소리를 하는가 하면 괜히 내 배를 조물거리며, 나까지 살이 쪘다고 야단이다.

"고양이도 살이 찌면 병이 생긴대. 내일부터 엄마랑 같이 다이어트 할래? 다이어트 사료는 뭐가 있지?"

누워서 스마트폰으로 고양이 다이어트 사료를 검색한다. 그런 게 맛이 있을 리 없잖은가. 다이어트 사료를 주기만 해봐라, 내 한 톨도 먹지 않을 테니!

인간들은 몸에 털이 없는 걸 걱정하긴커녕 그나마 몇 가닥 있지도 않은 털마저 뽑고 깎으려 든다. 석집사는 아침마다 우스꽝스러운 표정을 지어보이며 코털을 깎고, 연집사도 눈썹을 밀고 겨드랑이 제모를 한다. 민숭민숭한 몸이 얼마나 숭한지 모르는 걸까? 인간에겐 꼬리도, 수염도 없으니 균형 잡힌 움직임이나 민첩한 몸놀림을 기대하기도 어렵다.

인간들은 중심을 잡고 사는 데 어려움을 느끼는 게 분명하다. 중심을 잡는다는 건 스스로 뭘 좋아하고 뭘 싫어하는지 아는 일이다. 그런데 인간은 하고 싶은 것, 하기 싫은 것, 좋아하는 것, 싫어하는 것, 되고 싶은 것, 되기 싫은 것 이외에도 무엇처럼 보이고 싶거나 보이기 싫은 것, 좋지만 하면 안 되는 것, 싫지만 해야 하는 것, 지금도 좋지만 더 좋게 만들어야 하는 것들 사이에서 허우적댄다. 혼란 속에 자기를 세워두고 중심을 못 잡아 버둥대는 것 같다. 어쩌자고 나는 이들에게 호감을 느끼게 되어, 답답한 모습까지 가련히 여기게 된 걸까?

요새 연집사는 한밤중에 명상이란 걸 한다며 눈을 감고 한자리에 앉아 꼼짝 안 하는 '벌'을 서고 있다. 내가 벌이라 한 까닭은 그가 지나치게 노력하기 때문이다. 애를 쓸 필요 없이 창문을 열고 새, 나무, 바람을 보고 느끼면 될 텐데. 중심을 잡기에 그보다 좋은 건 없으니 말이다. 고양이들에겐 식은 죽 먹기이지만 말해줘도 소용없다. 인간들은 내게 미소를 지어 보인 뒤 재빨리 혼란 속으로 빠져들 게 뻔하다.

집사묘시
執 事 猫 詩

2

"네가 못돼서 좋아 나를 무시해서 좋아 밥 먹을 때 뒤에서 지키고 있어야만 먹겠다는 심보가 좋아 당당하게 호통치고 사랑한다고 파고드는 게 좋아"

madness

흠결이란 말이 좋아서 흠결이 갖고 싶어졌다

흠결이란 말,
어쩜 흠결이 하나도 느껴지지 않을 것 같은 말인지

저기 봐 흰 털로 뒤덮인 흠결이 걸어오고 있어
눈곱을 달고
똥구멍에 똥을 조금 묻히고

흰 털로 뒤덮인 흠결이 점프해 책장 위로 올라가지

커다란 옥색 눈을 감고 흠결을 재우지
허공에서 잠든 흠결,

바라보면 한숨 난다

네가 귀여운 똥을 싸서 좋아
똥냄새가 지독하고 지독해서 좋아
어느 날 비명을 지르고 괴로워해 병원에 데려갔더니
병명이 '변비'라서 좋아
엑스레이에 가득 보이는 동글동글한 네 똥들!
누가 빚어놓았을까?
저렇게 사랑스러운 찌꺼기라니

네가 내 품에서 갸르랑대다 휙 떠나버려서 좋아
장난치다 나를 할퀴어서 좋아
(너무 야성적이잖아?)
이불 속 내 발가락을 깨물어서 좋아
(깨물기는 고양이의 유머!)

네가 나를 찾아서 좋아 나를 찾지 않아서 좋아 가버려서 좋아 다시 와서 좋아 핥아서 좋아 뱉어서 좋아 네가 나를 사랑하지 않아서 사랑해서 나만 바라봐서 나를 바라보지 않아서

흠결이라는 말
어쩜 흠결이 하나도 느껴지지 않을까?

소파에 묻어 있는 비단 같은 흠결들,
우수수 떨어지는 털들
외출할 때 내 옷에 붙어 따라오는!

네가 못돼서 좋아 나를 무시해서 좋아 밥 먹을 때 뒤에서 지키고 있어야만 먹겠다는 심보가 좋아 당당하게 호통치고 사랑한다고 파고드는 게 좋아 이름을 불러도 돌아보지 않는 게, '츄르'라는 말에만 고개를 드는 게, 네가 버릇이 없는 게 좋아

네 흠결이 좋아

네 흠결을 씹고 삼키고 싶어

미쳤다 해도 좋아

흠결이 좋아

묘생묘책
猫 生 猫 策

3

"혼자 있는 시간을 즐기는 법?
나를 잊고, 세상을 보면 돼. 맛있는 음식, 좋아
하는 풍경, 편안한 낮잠. 자기 앞에 주어진 것,
그것만 생각해. '그 앞의 나'까지 생각하면 복잡
해지거든."

고양이가 아침을 여는 법

 무료한 아침이야. 밥그릇엔 어제 먹다 남긴 사료가 조금 남아 있어. 배가 고프니 눅눅해진 부스러기라도 먹어볼까 싶지만, 냄새를 맡고는 돌아섰어. 먹기 싫은 것을 먹었다가 토한 적이 있거든.

 연집사는 내가 음식을 빨리 먹어서 토하는 거래. 모르는 소리야. 나는 비위가 약하고 식성이 까다로운 편이거든. 낯선 음식이나 싫어하는 냄새가 나는 것, 눅눅해진 사료 앞에선 구역질이 나. 무언가를 참고 받아들이는 것보다 시원하게 게워내는 게 낫지 않아? 그루밍할 때 삼킨 털뭉치를 같이 게

워낼 땐 토하는 게 시원하게 느껴지기도 하거든.

집사들은 나보다 늦게 일어나. 어느 날은 발가락을 깨물어 깨워보려 했는데 한번 움찔하더니 그대로 자더라? 사람이란 동물은 어지간히 둔하구나, 깨달았지. 밥을 차려줄 때까지 혼자 시간을 보내야지.

고양이라면 누구나 혼자인 시간을 즐기는 법을 알지. 가장 좋은 건 거실 창문 앞에 앉는 거야. 바깥에선 흥미로운 일들이 일어나거든. 자동차가 달리고, 아이들과 개가 뛰어다니고, 새가 날고…… 나가고 싶으냐고? 천만에. 나는 모험은 즐기지만 위험을 즐기는 편은 아니야. 안전을 제일 중요하게 여기는 신중한 고양이거든.

이곳은 안전하고 바깥은 위험한데, 이 두 곳을 이어주는 창문이 안전지대 역할을 하지. 거리를 두고 바라보는 게 좋아. 가끔 아래층 정원으로 길고양이들이 찾아오기도 하는데 내가 그들을 만나고 싶어하겠어? 우리에게 필요한 건 안전거리야. 서로 볼 만큼 보다가 딴 길 가는 거지.

 아침마다 집 앞 나무를 관찰해. 아무리 봐도 지루하지 않아. 나무들은 한시도 가만히 있질 않거든. 어느 때는 새나 곤충보다 더 바빠 보이기도 해. 바람에 이파리들이 흔들리면 난 그걸 보는 거야. 나무가 수십, 수백 가지 표정으로 흔들리는 모습을. 그냥 보는 거지.

 비가 오거나 바람이 불 때도 좋아. 독특한 소리가 나거든. 음악이라고 할 순 없지만 분명한 음률이 느껴져. 나뭇가지 사이를 날아다니는 새들이 요란하게 울 때쯤 석집사가 일어나. 내 이름을 부르며 밥그릇에 사료를 부어주지. 나는 체면을 생각하지 않고 점프해서 그에게 달려가. 석집사가 내 엉덩이를 두드리며 잘 잤느냐고 물어보네. 뭘 그런 걸 물어보나 몰라. 보면 모르나?

 나는 그의 양 무릎에 내 얼굴을 비벼 페로몬을 묻히고, 허벅지 높이까지 헤딩을 해보인 다음 사료를 먹어. 역시! 바삭

바삭한 사료야. 거봐. 부스러기를 먹지 않고 참길 잘했지?

밥을 다 먹고, 오줌을 누고, 모래로 꼼꼼히 용변을 덮은 다음 연집사가 잠들어 있는 침대로 올라가. 연집사는 참 매너가 없어. 잠깐 눈을 떠 나를 보더니 아침 인사로 뭐라는 줄 아니?

"당주야, 왜 벌써 일어났어?"

그러고는 다시 잔단다. 새가 울고 해가 떴는데 한심하기도 하지. 나는 베개에 몸을 기댄 채 오늘의 첫 그루밍을 시작해. 앞발과 뒷발을 가장 열심히 핥지. 일과 중 가장 중요한 일이야. 내 발바닥에 뭐가 묻었는지 아니? 오늘 아침의 날씨, 창문 새로 들어온 바람 냄새, 석집사가 책상에 펼쳐둔 오래된 책 냄새, 어젯밤 먹은 북어 트릿 냄새, 내 페로몬 냄새, 집사가 빨래할 때 넣는 섬유유연제 냄새까지⋯⋯ 내가 좋아하는 것도 싫어하는 것도 잔뜩 묻는단다. 나는 이 모든 것을 하나하나 기억하며, 동시에 모든 냄새를 꼼꼼히 지워. 온전히 '나'라는 존재만 남을 때까지 싹싹 지우지.

어떤 기분이냐고? 글쎄. 아마도 이런 기분이 아닐까. 나무가 나무 되는 기분, 새가 새 되는 기분, 고양이가 고양이 되는 기분 말이야. 모르겠다고? 더이상 물어보지 마. 대답하기 어렵네.

몸 곳곳을 그루밍하고 나니 졸음이 쏟아져. 잠깐 졸다 깼는데도 연집사는 여전히 자고 있어. 내가 깨우지 않으면 종일 잘지도 몰라. 나는 일부러 연집사의 배를 밟고 지나가고 얼굴 위를 넘어 다니는 수고를 한단다. 성가신 일이지. 연집사는 늦잠을 잔 주제에 하품을 수십 번 하며 나를 껴안으려고 해. 게으름뱅이에게 쉽게 안길 순 없지. 나는 연집사의 품에서 빠져나와 거실로 도망가. 빨리 나와서 하루를 시작하라고 야옹야옹, 호통을 좀 쳤어.

연집사가 거실 창문을 바라보더니 감탄하네. 봄 나무들이 푸르게 쑥쑥 자란다고.

"미나리들 같아, 비 맞은 나무들이."

비라고? 정말이네. 밖에 비가 내리고 있어. 비 오는 날은 창가에서 볕을 쬐며 낮잠 자기 어려운데. 기분이 안 좋아지려는 찰나 연집사가 습식 캔을 따는 소리가 들려. 배고프겠다고, 아침을 먹으라며 내미는 것은 내가 가장 좋아하는 참치야. 비린내가 얼마나 식욕을 자극하는지! 석집사에게 건사료를 얻어먹은 건 비밀이야.

연집사가 식탁에서 커피를 내리고 있어. 까맣고 지독한 냄새가 나는 물을 매일 저렇게 마시는데, 건강이 나빠지는 건 아니겠지? 나는 커피 냄새를 애써 머릿속에서 지우고 먹음직스러운 내 두번째 아침식사를 해치우지.

매일 아침이 오는 게 좋아. 하루가 기대되거든. 커피를 내리며 부은 얼굴로 오늘은 종일 일을 해야 한다고 투덜거리는 연집사에게도, 이미 서재 책상에 코를 박고 일을 하고 있는 석집사에게도 매일 아침이 즐거울까? 밥을 다 먹고 침대에 들어가 쪽잠을 잔 다음, 느긋하게 생각해봐야지.

하루는 길고, 하루는 충분하니까.

집사묘시
執事猫詩

3

"날개 없는 잠

추락 없는 비

비야,

비!"

파 드 샤 pas de chat*

자유로운 끈

묶인 적 없는 매듭

돌겠는 돎

미치겠는 미침

갓난쟁이처럼 겁 없는 피부,
벗겨진 붉음

피어남

피어남

니진스키의 일기장

부끄러운 진심

배꼽 냄새

배꼽을 파다 배꼽 속으로 들어가는 꿈

날개 없는 잠

추락 없는 비

비야,

비야,

비!

비!

방울방울
대롱대롱

늘어나는
자유,

소리 없는
깨짐

깨짐 없는
추락

부르기!

부르기!

목이 터질지라도

비!

---

* 발레 용어. '고양이 걸음'이란 뜻의 점프 동작.

묘생묘책
猫 生 猫 策

4

"정말 꼴 보기 싫은 존재가 있을 때 어떻게 하냐고?
있는 힘껏 하악질을 해야지. 내 옆에 오지 말라고! 그리고 기다려야 해. 그 녀석이 사라질 때까지."

이게 아무 일도 아니라고?

고양이들은 감각에 의해 움직인다. 수상한 일이 있다고 느끼면 몸이 먼저 반응한다. 귀를 세우고 동공을 확장하고 털을 세운다. 고양이에게 예감은 두 발짝 일찍 온다. 예감을 예감한다고나 할까? 내 짧은 생애에 난감한 일이라면 적지 않게 겪었지만 이번 일은 다르다. 아, 나쁜 예감은 틀린 적이 없다니까!

어느 날 '사건'이 일어났다. 이 집에 나 아닌 고양이가 들어오는 일. 속상한 일이라면 과거에도 충분히 겪었다. 떠돌이 생활을 하던 때, 나를 곤란하게 하는 사람과 고양이는 언제나 있었으니까. 그러나 믿었던 이 집에서 이런 일을 겪게 될 줄은 몰랐다. 나 아닌 고양이, 그 녀석의 이름은 '헤세'다. 헤세라니, 무슨 그런 이름이 다 있담? 나는 그 녀석의 얼굴을 보자마자 뱃속에서부터 있는 힘을 끌어올려 하악질을 했다.

"세상에! 당주 하악질하잖아. 문 닫아, 얼른!"

내 하악질에 위엄이 실리긴 했던 모양이다. 집사들은 혼비백산하고 문틈으로 얼굴을 내밀다 놀란, 작고 새까만 형체가 순식간에 사라졌다. 연집사는 닫힌 문 앞에 서서 내게 말했다.

"괜찮아. 정말 아무 일도 아니야. 놀라지 마."

맙소사. 이게 아무 일도 아니라고? 천지개벽할 일 앞에서 웬 하품 나는 소리일까?

나는 스크래처에 앉아 놀란 가슴을 진정시키기 위해 그루밍을 해야 했다. 등과 배와 네 발을 핥고 또 핥아도 진정이 되지 않았다. 그렇다. 저 방에 뭔가가 있다. 며칠 전부터 수상하긴 했다. 평소와 다르게 서재 문이 줄곧 닫혀 있었다. 안에서 다른 존재의 소리가 들렸고, 낯선 냄새가 살살 풍겨와 심기가 불편했다. 다른 집에서 건너오는 소리일 거라고, 집사가 밖에서 묻혀온 낯선 냄새일 거라고 스스로를 설득했다. 아니, 알면서도 모른 척했다. 내가 미쳤지. 너무나 안일했다. 위험이 코앞에 있었는데 이 지경이 되게 하다니!

저 시끄럽고 작은 녀석은 도대체 어떻게 이 집에 들어왔을까? 내 밥을 자꾸 서재로 들고 가는 연집사의 행동도 의심스럽긴 했다. 서재 앞에서 보초를 서다 문이 열릴 때 들어가려던 나를 막아서는 석집사의 행동도 이상했다. 이 집에서 내가 못 갈 곳이 있다고? 언제부터? 큰소리로 항의를 해봤지만 소용없었다.

그날부터 서재는 빈번히 열렸다. 높은 목소리로 울어대는 저 녀석을 어르고 달래는 석집사의 모습, 집안이 낯선 냄새로 서서히 물드는 것을 확인하며 스트레스를 받은 일…… 화가 나는 일이라면 말로 다 못 한다.

헤세. 그 녀석은 고양이라기보다 두더지 같았다. 서재에 있다가 처음으로 거실에 나온 순간 놀란 짐승처럼 울부짖으며 날뛰었다. 창문 근처에서 출구를 찾으려는 듯 안절부절못하며 울어댔다. 나는 정신이 반쯤은 나간 상태로 캣타워 꼭대기로 피신해 그 모습을 지켜보았다. 두 집사를 보니 그쪽도 사정이 나빠 보이긴 마찬가지였다. 헤세를 붙잡으려고 우왕좌왕 발을 동동 구르는 모습이 딱해 보였다. 헤세는 발정 난 길고양이들처럼 소리를 질렀는데, 그 모습을 본 연집사가 "빨리 중성화 수술 날짜를 잡아야겠어" 했다. 그도 그럴 것이 헤세가 거실에 있는 내 화장실에 들어가 냄새를 맡더니 그 안에서 떼굴떼굴 구르며 흥분하는 게 아닌가.

거긴 내 화장실이라고! 나는 내 공간에서 당장 나오라고 비명을 질렀다. "넌 또 왜 그래?" 석집사가 내 비명에 당황한 듯 보였다. 나는 왠지 억울한 마음에 헤세보다 더 크게 울어댔다. 헤세를 겨우 서재로 들여보내고 문을 닫기까지 그야말로

난장판이었다. 녀석은 중심 영역인 '거실의 맛'을 본 그날부터, 내보내달라고 밤마다 울어댔다. 바야흐로 기분 나쁜 동거가 시작됐다. 내 루틴은 깨졌다.

안녕, 집사의 사랑을 독차지하며 아침의 고요 속에서 식사를 하던 시절이여. 넓고 쾌적한 화장실을 혼자 쓰던 날들이여, 안녕. 아아 그립구나. 내 향기로 가득찼던 청결한 거실이여. 예의와 범절로 이루어졌던 내 고결한 하루하루여, 이제는 작별을 고해야겠구나. 나는 하루에 열두번씩 거칠게 욕을 하는 타락한 고양이로 전락했다네.

아아, 우아한 나여, 영영 안녕이로다. 이제 나는 말보다 앞발 펀치가 먼저 나가고, 상스러운 소리로 따라오지 말라고 고함치며, 심술 난 표정으로 하루를 보내는 고양이가 되었어. 안녕, 아름다운 내 모습. 이제 나는 여유라고는 한 톨도 없게 되었구나. 삶은 전쟁이고 비극이야. 나는 여기서 살아남아야 한다고.

헤세와 크고 작은 싸움을 벌일 때마다 집사들은 나를 설득했다. 저 악동이 아직 아기라고, 그러니까 봐주라고. 집사들도 저 악동에게 당하고 있는 것이 분명하다. 집에 처들어오지 못하도록 막아봤지만 저 무지막지한 에너지로 집사들을 항복하게 만들었겠지. 저 딱한 양반들이 교양 없는 애송이를 초대했을 리 없다. 도대체 저 녀석은 이 집에 누가 데려온 거지? 내가 더 철저하게 망을 봤어야 했는데. 모르겠다. 시간이 지나면 저 녀석이 제 발로 나갈지도 모른다. 희망을 버리지 않겠다. 어쩌면 우리 가족이 예전처럼 평화로운 생활을 찾을 수 있을지도 모른다.

애송이가 왔다. 미쳐버리겠다.

집사묘시
執事猫詩

4

"너로 인해 슬프다는 말,
그건
너로 인해 산다는 말이야"

내 검은 숲

11월, 그리고 11일
내 검은 고양이는 이날 왔지

11-11
노트에 쓰면
나무 네 그루를 심은 것 같고
어쩐지 작대기를 네 번 두드려
길을 낸 것 같고

작은 묘목 네 그루 같은

네 개의 다리가 되어

어디 먼 곳에 다녀온 것 같았지

희고 뾰족한 송곳니

불안의 심지를 녹여 만든 노란 눈동자

그 안의 연둣빛

그 안의 검은빛

그 안의 모든 꿈틀거리는 핵

핵,

무엇이든 녹여서

너는 간직하지

단단함을 부드러운 털로 감싸쥔

내 검은 고양이

너와 이름이 같은 독일 작가는

정원의 주인은 자기 고양이라 했지

이름을 '사자'라 불렀다지

내 머릿속 헝클어진 화단을 가꾸는 헤세
작고 부드러운 악마

튀어오르는 검은 불꽃!

오늘은 네가 온 지 일 년이 되는 날
11-11-1

이제 나는 나무 다섯 그루를 심은 것 같고
눈 속으로
검고 푸른 이파리들이
쏟아질 것 같고

매년 11월 11일마다
나무 한 그루를 보태며

어느 날은 검은 숲에서 펄펄 타오르고
어느 날은 너로 인해 슬퍼서
재가 되기도 하겠지

너로 인해 슬프다는 말,
그건
너로 인해 산다는 말이야

내 검은 나무들
검은 물결

검고

푸르고

환한,

내 모든 것

묘생묘책
猫 生 猫 策

5

"가족 중에 누군가가 너무 게을러 보여 화가 난다고?
기분을 가꾸는 중이라고 생각해. 가만히 있다는 건 낭비하는 시간이 아니라 뭘 시작하면 좋을까 궁리하는 시간일지도 모르잖아. 사냥하기 전 웅크리는 고양이처럼. 그런데 너, 너는 부지런하니?"

나는 화단을 가꾸듯
기분을 가꾸거든

 당신이 '고양이'라 부르는 우리는 직관에 의존하고 현재를 살며 기분을 가꾸는 데 가치를 두지. 뭐가 이렇게 거창하냐고? 나는 종종 이런 말을 듣는데, 들을 때마다 억울하거든.

 "얘는 종일 잠만 자네. 하는 일 없이 뒹굴뒹굴, 이 게으름뱅이."

 게으름뱅이라니! 하루종일 하는 일이 얼마나 많은데! 일과를 수행하다 잠시 눈을 감고 쉬는 중에 이런 말을 들어봐. 내가 기분이 좋겠어, 나쁘겠어?

기분을 가꾸는 일, 그게 내 직업이야. 나는 화단을 가꾸듯 기분을 가꾼단다. 내가 하는 수많은 일의 종착역이 기분이거든. 내가 어떤 일을 하는지 들어볼래?

바라보는 게 내 일이야. 주변을 관찰하고 지켜보지. 어떤 일이 벌어지는지 궁금하거든. 별일이 없길 바라지만 별일이 일어나길 바라기도 해. 눈 깜빡이기, 눈 동그랗게 뜨기, 귀를 좌우로 움직여 지나다니는 소리를 수집하기, 이게 다 내가 하는 중요한 일이야. 바라본다는 건 집중해서 파악한다는 뜻이잖아. 그러니 내가 얼마나 똑똑하겠어? 하루종일 이것저것을 파악한다고.

꼬리를 높이 세우고 집안을 걸어다니기, 점프하기, 포복해서 지나다니기, 책장 위에 올라가기, 집사가 쓰다듬으면 '골골송' 부르기, 침묵 속에서 음악을 찾아 듣기. 집사가 화장실 갈 때 따라가 구경하기, 이게 다 내 하루의 중요한 일과야. 해도 해도 일은 끝나지 않아. 재미있는 일이 많거든.

이불 물어뜯기, 소파에서 '우다다' 하기, 식탁에 놓여 있는 비닐봉지 핥기, 간식을 달라고 조르기. 정수기에서 물 나오는 것 구경하기, 싱크대 아래 떨어진 음식 냄새 맡기. 이 일들은 내가 특별히 공들여 하는 일이야. 왜냐고? 지적 호기심을 자극하거든.

 또 있어. 그루밍은 아무리 많이 해도 부족하니까 틈날 때마다 해야 해. 혜세는 먼지가 쌓인 구석구석까지 헤집고 다니는 아이니까 그애의 정수리는 내가 특별히 그루밍해준단다. 이 철딱서니는 늘 먼지를 뒤집어쓰고 나타나거든. 나라면 절대로 들어가지 않는 곳에 들어가고, 베란다에 놓인 화분의 흙 속까지 헤집고 다니거든. 나는 집사가 하지 말라는 일은 절대 안 하는데, 혜세는 말을 안 들어. 나보다 어리석은 건 사실이야. 아직 애송이니까.

 할일은 차고 넘쳐. 집안에서 새로운 냄새가 나는 곳을 탐색하기, 집사가 외출하고 돌아왔을 때 옷과 가방에 묻은 냄새의 정체를 밝히기, 집사가 청소기 돌릴 때 숨어 있기, 집사가 지나갈 때 발등에 올라타기. 이때 발톱을 내밀지 않도록 주의해야 해. 헤세가 발톱을 세운 채 집사 발등에 매달렸다가 꾸지람 듣는 것을 보았거든. 발톱을 자유로이 넣거나 꺼내는 일은 연륜이 쌓여야 할 수 있지.

물 마시기, 밥 먹기, 화장실 가기, 스크래처 긁기, 낮잠 자기. 이런 일은 '식은 참치' 먹기야. 사냥하기, 쌓아놓은 책 쓰러트리기, 책 위에 앉기, 책 가름끈을 깨물어보기, 집사가 랩톱으로 일할 때 키보드에 올라가기, 택배 상자 확인하기, 옷장 문이 열릴 때 냉큼 들어가기……

이런데도 내가 게으르다 할 수 있니? 내가 언급한 것의 열 배, 스무 배는 더 많은 일이 내 하루를 채운단다. 중요한 건 이 모든 일을 할 때 내가 중시하는 게 기분이라는 점이야. 사람들은 기분이 좋을 때 웃고 기분이 나쁠 때 운다고 들었어. 나는 집사들의 기분이 어떤지 자주 살피는데 대부분 웃지도 않고 울지도 않을 때가 많더라. 다행인 건 나를 바라볼 때 집사들의 기분이 좋아 보인다는 거야. 내가 그렇게 좋은가? 뭐, 사랑받는 기분은 내가 선호하는 기분이긴 하지.

어느 날은 연집사가 침대에서 바닥으로 내려오더니 무릎에 얼굴을 묻고 우는 거야. 어깨를 들썩이며 귀신처럼 곡소리를 내며 울어. 두 손에 얼굴을 묻고, 눈물 한 방울 흘리지 않으면서! 방안을 시끄러운 소리로 가득 채우는 저 양반을 혼자 보기 아깝더라. 아주 명배우 나셨군! 나는 사색에 빠진 순간을 방해받은 게 불쾌해 서둘러 그 자리를 떠났단다. 돌아서서 석집사 방으로 총총 걸어가는데 등뒤에서 이런 소리가 들리는 거야.

"당주! 엄마가 우는데 그냥 가? 이래서 고양이 키워봤자 소용없다는 명언이 있는 거야. 당주, 엄마 운다니까?"

그런 명언은 처음 듣는데? 저 양반은 저렇게 자기 마음대로 억지를 부린단다. 똑똑한 나를 속이려 들다니. '고양이 앞에서 집사가 우는 척하는 실험'을 담은 영상을 보더니 저러는 거야.

심심한가봐. 교양 있는 내가 이해해야겠지. 이래 봬도 내가 '기분 전공자'인데 진짜 기분과 가짜 기분을 구분 못하겠어?

걱정 마. 집사가 정말 슬퍼할 땐, 그의 곁에 머무른단다.

잠잠히, 그의 슬픔을 생각해.

집사묘시
執 事 猫 詩

5

"살아 있는 신을 섬기고 싶어
집에 고양이를 들였다

고양이는 살아냈다

살아냈다는 말은 엄청,
사랑했다는 말"

신

살아 있는 신을 모시고 싶어
집에 고양이를 들였다

털북숭이 신
점프의 신
용맹한 발톱의 신

비린내 나는 신

목숨이 닿지 않는 신

사랑을 모르는 사랑의 신

나를 쥐고 멀리 가는 신
가서,
돌아오지 않는 신

살아 있는 신을 섬기고 싶어
집에 고양이를 들였다

고양이는 살아냈다

살아냈다는 말은 엄청,
사랑했다는 말

신에게 올리는 기도 소리에
고양이는 눈을 끔뻑인다

그냥 있어

그냥두렴

묘생묘책

猫 生 猫 策

6

"책을 즐기는 나만의 방법이 있냐고?
우선 냄새를 맡아 보고, 겉장을 조금 깨물어봐.
그다음 책 위에 올라앉아 세상을 봐도 좋고, 턱
을 올려두고 명상에 빠져도 좋지. 책의 쓸모는
내가 뺨을 기대고 졸거나 삐죽 나온 가름끈을
이빨로 잘근잘근 물어보는 데 있어. 모서리에
양 볼을 비비며 내 페로몬을 묻히기에 알맞은
도구지. 책장을 몇 장 넘겨보려무나. 아주 작은
책벌레를 만날지도 모르지."

천재 고양이의 고민

수수께끼를 하나 낼게.

이것은 우리집에서 발에 차일 정도로 흔한 거야. 크기는 다양하지만 보통은 깔고 앉으면 딱 좋을 정도의 면적을 갖고 있지. 네모나고 딱딱해. 식탁이나 소파, 침대에도 있고 집사의 화장실에도 있어. 이것은 대체로 뭉텅이로 쌓여 있어. 헤세는 쌓여 있는 이것을 잘 쓰러뜨리고, 쓰러뜨린 다음엔 혼자 놀라 도망치지. 이것이 내 키보다 높이 쌓여 있을 땐 요새처럼 사용할 수도 있어. 헤세가 장난을 치려고 나를 찾을 때 쌓여 있는 이것 뒤에 몸을 숨기면 못 찾거든.

우리 집사들은 이것을 꽤 좋아하는 것 같아. 집에 넘쳐날 정도로 많은데 늘 새것을 사오거든. 집사들은 이것을 들고 다니거나 한자리에 앉아 가만히 들여다보는데 내 눈엔 게으름을 피우는 것처럼 보여. 외출할 때도 가지고 나가. 연집사는 자기 전에 이것을 오래 들여다보다 잠드는 습관이 있어. 집사들이 제일 자주 하는 것은 이것을 '찾는 일'이야. 주변에 있는 것 중 아무거나 잡아들면 될 텐데, 아마도 마음에 드는 크기가 있나봐. 짐작이 되니?

맞아. 이것은 책이야. 듣기로는 책을 많이 보면 똑똑해진다고 하던데 정말 그럴까?

"이제 우리 당주도 『논어』를 읽고, 인의예지를 깨쳐야지? 그래야 똑똑한 고양이가 되겠지?"

석집사는 내 머리를 쓰다듬으며 이런 소리를 자주 해. 내가 비록 '논어'나 '인의예지'는 모르지만 읽는다는 게 무엇인지는 알아. 고양이는 무언가를 읽어내는 데 도가 튼 존재라는 점에서 타고난 독서가라 할 수 있거든. 집사들이 의자에 앉아 책장을 뒤적이듯이, 나도 한곳에 앉아 풍경을 뒤적이거든. 머물러 있는 풍경은 없어. 무엇이든 다 움직이고 변하지. 길고양이 몇이 창밖에서 어슬렁거릴 때 내 감각이 일제히 일어서는 일! 나는 집과 세상의 경계에 선 고양이로서 많은 것을 생각하지. 사는 일의 녹록지 않음을 직관으로 파악한단다. 이게 바로 내가 하는 독서야. 삶을 읽는 일이지. 그깟 『논어』를 읽는다 해도 다 알 수 없는 것을 나는 몸으로 느끼고 있단 말씀이야.

그런데 말이야. 『논어』에 집사가 사냥놀이를 잘 이끄는 방법은 안 나오니? 우리 집사들은 사냥놀이를 할 때 늘 진부하게 움직이거든. 낚싯대가 어디로 움직일지 뻔한데 내가 사냥하고 싶은 기분이 나겠어? 난 『논어』에 이런 내용이 자세히 들어가 있으면 좋겠어.

사실 나는 생각보다 지능이 높아. 못 믿겠다고? 증거가 있어. 석집사가 집에서 쉴 때 '바둑 TV'를 틀어놓고 보는데 어느 날 이렇게 외치더라.

"당주 좀 봐. 꼼짝도 않고 화면을 보고 있어. 애가 바둑을 아나? 어떻게 이렇게 집중을 하지?"

이 소리에 연집사가 달려오더니 이어서 호들갑을 떨어.

"얘, 천재 고양이야. 뉴스도 집중해서 보잖아. 시사에 관심이 있는 것처럼 진지한 표정으로 뉴스를 보는 고양이가 어디 흔하겠어?"

집사들의 말에 의하면 내 천재성은 숨길 수가 없다고 하더군. 우선 나는 문을 열 줄 아는 고양이야. 내가 가장 잘 여는 건 안방 문이지. 연집사가 피곤하다며 안방 문을 닫고 혼자 들어가 잘 때가 있어. 나를 거실에 남겨놓고 어떻게 그럴 수 있지? 괘씸한 마음에 큰 소리로 항의를 해봐도 문을 안 열어줘서 내가 그냥 열었지. 그게 뭐가 어렵다고. 직립보행자세에서 점프한 다음 두 앞발로 문고리에 매달리면 달칵, 문이 열리는데. 헤세는 꿈도 못 꾸는 일이겠지만 난 아니야. 나는 인간이 하는 것은 다 할 수 있어. 똑똑하니까. 문이 한 번에 안 열릴 때도 있지만 나는 포기를 모르는 고양이 아니겠니. 여러 번 시도해서 결국 문을 열고 침대에 누워 있는 집사 옆으로 가 몸을 눕혔지. 처음엔 소리를 지르더라. 문을 연 게 진짜 당주가 맞느냐, 어떻게 이럴 수가 있느냐, 손을 이렇게 잘 쓰는 고양이는 지능이 높은 거다, 야단이었어.

나는 뉴스도 집중해서 봐. 화면 오른쪽 하단에 조그맣게 등장해 어지러운 손짓을 하는 여자를 보는 게 재미있거든. 이런 손짓을 '수화'라고 한다는 것을 나중에 들었지. 화면 아래 자막이 규칙적으로 지나가는 것도 유심히 봐. 장면이 바뀌며 빛이 생겼다 사라지는 것도 꽤 볼만해. 한번은 연집사가 스마트폰으로 물고기가 헤엄치는 것을 보여준 적이 있었어. 내가 바보인 줄 아나? 딱 봐도 가짜 물고기잖아. 혹시 화면 뒤에 진짜가 있나 보려고 스마트폰 뒤로 가 확인했더니 이 양반이 소리를 지르더라.

"으아! 얘, 천재 맞아! 이면을 보는 고양이야!"

나를 찬양하는 두 집사의 호들갑이 가소로운 건 사실이야. 솔직히 나는 좀 걱정이 돼. 그다지 똑똑하지 못한 집사 둘을 거느리고 사는데 이들이 노상 앉아 책을 들고 게으름을 피우고 있으니 말이야. 우리 가정경제는 이대로 괜찮은 걸까? 뉴스에서 물가가 많이 올랐다던데, 맛있는 간식과 캔을 사려면 나가서 사냥을 좀 해와야 하는 게 아닐까? 집사를 똑똑하게 키우는 방법이 있다면 좀 알려줄래?

집사묘시
執 事 猫 詩

6

> "고양이는 점프해 미래로 가지
> 왈츠 속에서
>
> 나는 한자리에서 기다리지
> 미래를 훔쳐간 털북숭이 영혼"

왈츠

인생이 왈츠라면

고양이랑 춤출래
오직 고양이하고만!

고양이는 점프해 미래로 가지
왈츠 속에서

나는 한자리에서 기다리지
미래를 훔쳐간 털북숭이 영혼

하염없이 쿵 짝짝
쿵 짝짝,

내가 활짝 열리면
다시 돌아오는 고양이

다른 건 필요 없어

고양이와 추는 왈츠
그거면 충분해

충분해

묘생묘책

猫 生 猫 策

7

"나와 성격이 다른 사람 때문에 힘들다고? 그냥 신기하고 재미있는 일이라고 생각하면 어때? 여름과 겨울이 다르고, 봄과 가을이 달라서 한 해가 재미있는 것처럼 말이야. 진귀한 구경을 하듯 그를 바라보는 거야. 별난 놈이네, 감탄해 봐!"

우린 너무 달라

나, 당주. 계절이 바뀐 것을 온몸으로 알 수 있지.

창문 앞에서 코를 벌름거리다보면 바람에 실려오는 다양한 냄새를 감지할 수 있거든. 냄새는 날마다 조금씩 바뀌지. 여름화단에서 부는 바람은 더운 흙냄새를 풍기고, 가을화단에서 부는 바람은 차고 건조한 나뭇잎 냄새를 풍겨. 오늘 아침엔 평소에 들어보지 못한 새소리가 들리더라? 귀가 따갑도록 울던 매미 소리와 장마철에 떼 지어 울던 맹꽁이 소리는 사라지고 어느새 가을 풀벌레 소리가 들렸어.

아! 가을인가봐. 내 생의 세번째 가을이야.

어젯밤 헤세는 집에 들어온 귀뚜라미를 보고 흥분해서 날뛰었어. 꼬리털이 부풀고 이리저리 점프하며 귀뚜라미를 잡는다고 야단이었지. 사실 귀뚜라미가 도망갈 때는 나도 달려가 잡고 싶었는데 헤세가 얼마나 빠르던지! 나는 체면을 생각해 한 걸음 떨어져 관망했어. 저 애송이가 가지고 놀게 돼야지, 생각했거든.

말이 나왔으니 하는 얘기인데, 헤세는 나와 모든 면에서 달라. 벌레를 봐도 내가 장난을 치고 관찰하는 정도에서 그친다면 헤세는 기어코 잡아서는 먹어 삼킨단다. 기운이 뻗치나봐. 나도 왕년에는 헤세처럼 날뛰었지. 강아지풀이 달린 장난감에 흥분해서 십 분이나 뛰어다닌 적도 있거든. 발바닥에 땀이 나서 젤리가 진분홍색이 될 때까지, 숨이 턱까지 차 바닥에 늘어져 쉬어야 할 때까지 뛰어다녔어. 집사들도 내가 멋져 보였는지 소리를 지르고, 간식을 내오고 나를 칭송했어. 아, 그런 때가 있었는데!

요새는 집사가 사냥놀이를 하자고 해도 뒤로 물러나게 돼. 나는 사냥감 앞에서 능청을 좀 떨다가 집사가 방심했을 때, 기습적으로 사냥하는 것을 좋아하거든? 그런데 헤세는 기다림을 모른단 말이야. 눈앞에 사냥감이 나타나면 냅다 뛰기 바쁘단다. 내가 두뇌형 고양이라면 헤세는 육체파 고양이라 할 수 있어.

 아, 그렇다고 내가 민첩성이 부족하거나 육체 능력이 떨어진다고 생각하면 곤란해. 헤세는 나보다 체중이 1.5kg이나 더 나가서 내가 식탁 위로 도망가면 쫓아오다 꼭 떨어지거든. 그 우스운 광경을 봐야 하는데! 집사들은 손으로 입을 막고 웃음을 참고 있어. 그냥 크게 웃어도 될 텐데, 헤세의 기분을 상하게 하지 않으려고 그런가봐. 헤세는 마치 식탁에 올라가려 한 적이 없다는 듯 그루밍을 하며 딴청을 피워. 억울한 건 헤세가 나보다 밥도 많이 먹고 살도 더 쪘는데 다들 내가 더 뚱뚱하다고 생각하는 거야. 연집사는 내 털이 흰색이고 헤세 털이 검은색이라서 그렇게 보이는 거래. 그러니 날씬하게 보이고 싶다면 꼭 검은색 옷을 입으렴.

헤세랑 내가 얼마나 다른지 더 이야기해줄게. 우린 식성도 달라. 서로 좋아하는 건사료가 달라서 집사들은 우리를 위해 늘 다른 종류의 끼니를 준비해놓지. 아무리 배가 고파도 헤세는 내 밥을 먹지 않고, 나 또한 헤세의 밥을 먹지 않아. 서로의 밥그릇 앞에서 코를 킁킁거린 후 '이렇게 맛없는 것을 먹는다고?' 혀를 찬 뒤 돌아서지. 나는 헤세의 밥그릇 앞에서 흙을 덮는 시늉을 하고 지나간 적도 있어. 고양이는 싫어하는 음식 앞에서 앞발로 흙을 덮는 동작을 하거든. '이 음식은 똥과 다름이 없다. 그러니 파묻어야 해!'라는 뜻이지. 우린 좋아하는 습식 캔도 달라. 나는 소고기가 들어간 습식을 좋아하는데 헤세는 소고기를 아예 안 먹어. 헤세는 참치가 들어간 캔은 가리지 않고 다 잘 먹는데, 나는 까다롭게 구는 편이야. 어떤 참치캔은 먹지만 어떤 참치캔은 입에도 안 대서 집사에게 핀잔을 들어.

"아니, 이 비싼 캔을 따줬는데 왜 안 먹는 거야? 응? 땅을 파봐. 캔이 한 통이라도 나오나!"

 집사가 밥그릇을 들고 쫓아와도 난 안 먹어. '먹기 싫은 건 절대 안 먹는다!' 이게 내 신조야. 나는 입이 짧아 어떤 음식이든 끝까지 먹는 법이 없고 헤세는 그릇을 싹싹 설거지하듯 잘 비워.

 손님이 왔을 땐 어떤 줄 아니? 나는 사람이라면 누구든 좋아하는 편이야. 손님이 오면 높은 곳에 있다가도 뛰어내려와 인사하지. 처음 보는 이의 냄새를 꼼꼼히 맡고 무릎에 얼굴을 좀 비비고, 그가 나를 찬양하는 소리를 느긋하게 듣지. 나를 싫어하는 사람이 있으리라곤 상상도 해보지 않았거든. 그런데 헤세는 초인종 소리만 들려도 숨어. 얼마나 빠른지 집사들은 헤세를 못 찾기도 해. 음식 배달이 왔을 뿐인데도 숨거든. 손님이 오면 어떻겠니? 소파 밑이나 침대 아래, 어느 때는 장롱 속으로 들어가 나오지 않아. 손님이 장롱 앞에서 간식을 들고 헤세를 애타게 불러도 나오지 않아. 평소엔 나, 연집사, 석집사를 쥐 잡듯 쫓아다니며 깨물고 장난치고 떵떵거리던 녀석이 이렇게 겁이 많았나? 의아하지. 헤세는 손님이 돌아간 뒤에도 한참을 안 나오다, 스스로 안정을 찾으면 나와. 이런 날은 내가 먼저 다가가 그루밍을 해준단다. 아직 아기구나, 달래주지. 그러다 의기양양해지면 또 내 머리 위에 올라앉고, 목덜미를 깨물어 날 화나게 하지만……

우린 검은 돌과 흰 돌처럼 다르지.

그래도 내가 밥을 먹을 땐 헤세도 따라와 밥을 먹고, 낮잠을 자러 서재로 들어가면 헤세도 따라와 낮잠을 자. 집사들은 헤세가 나를 무척 좋아하는 거래. 나? 나야 물론 그 정도는 아니지. 아니야!

집사묘시
執事猫詩

7

"하얀 고양이는 하얀 생각

까만 고양이는 까만 생각

각자 자리에서 고요하다"

묘수

뭐 뾰족한 수 있어?
손톱을 깨물며 고양이를 본다

하얀 고양이는 하얀 생각
까만 고양이는 까만 생각

각자 자리에서 고요하다

하얀 고양이는 하얀 평화
까만 고양이는 까만 평화

한 세계에서
너를 셋이나 넷으로 쪼개지 않기
분무되어 사라지게 하지 않기

하나의 세계에 너
하나의 세계에 나

뭐 뾰족한 수 있어?
다시 묻자

바둑알처럼 희고 검은 대답이, 툭!

사랑하면,
사랑이 제일 쉬워

(사랑, 하기만 하면)

묘생묘책

猫 生 猫 策

8

"싫어하는 게 점점 많아지는 것 같다고?
우리는 살아가느라 시간을 많이 들이고 있잖
아. 나이도 점점 더 먹고, 시간에 비례해서 싫은
게 늘어가는 건 자연스러운 일 아닐까? 다만,
좋아하는 것도 비슷하게 늘려간다면 좋겠지?
중요한 건 밸런스니까."

내가 싫어하는 것들의 목록

 이런 이야기는 안 하고 싶은데 말이지. 고양이들의 행복지수를 위해 나, 당주가 한마디해야겠어. 오늘은 고양이가 싫어하는 것을 말해줄 테니 주의깊게 들어주길 바라. 내 말이 정답은 아니지만 대부분의 고양이는 나와 비슷한 생각일 거라 믿어.

 한 가지 당부할게. 내가 싫어하는 것을 길게 읊으며 묘생을 낭비하는 철부지라고 오해하지 말아줘. 나는 비린내 풍기는 맛 좋은 음식, 따뜻한 잠자리, 고요한 한낮의 창가만 주어진다면 자족하는 타입이거든. 이 세 가지가 충족된다면 몇 가지 안 좋은 일은 그럭저럭 참아낼 수 있어. 다만 '취향'이라면 어느 종족 못지않게 확고한 고양이 세계에서 내가 싫어하는 것은 수십 가지도 넘지.

혹시 누군가 싫어하는 게 없다거나 자신이 뭘 싫어하는지 모른다고 말하면 말도 섞지 마. 틀림없이 매력이라곤 눈곱만큼도 없는 녀석일 테니까.

내가 가장 싫어하는 건 고요한 시간에 스크래치를 내듯 갑자기 들리는 큰 소리야. 가령 내가 카펫 위에 엎드려 천천히 잠에 빠져들려 하는데, 소파에 앉은 연집사가 책을 쿵 떨어뜨린단 말이지. 고양이 심장 터지는 꼴을 보고 싶은가? 나는 너무 놀라 스프링처럼 카펫 밖으로 튀어나가지. 나는 소리와 기척으로 위험을 감지하고 목숨을 이어온 종족의 후손이라고. 모든 고양이의 핏속엔 '조심성'이란 기질이 흐르고 있단다. 인간들은 작은 통증에도 엄살을 부리며 아프다고 툴툴대던데 고양이는 작은 통증 정도는 넘어가. 아픈 것을 남에게 알려서 뭐 해? 대신 우리는 평소와 다른, 작은 기척에라도 기민하게 반응해. 전쟁이 나거나 다른 고양이가 우리집에 침입하거나…… 위험은 도처에 있잖아. 그러니 내 환심을 사려거든 큰 소리를 조심해.

다음으로 내가 싫어하는 건 신 냄새야. 귤이나 오렌지, 레몬수 냄새는 끔찍하지. 아, 큰일이야. 날씨가 점점 추워지고 있어. 경험상 집사들은 날이 쌀쌀해지면 귤을 먹던데. 귤을 하나도 둘도 아닌, 대여섯 개를 한꺼번에 까먹은 뒤 끔찍한 냄새가 밴 손으로 나를 쓰다듬으려 다가온다면! 공포영화가 따로 없지. 집사들은 꼭 내가 깨끗하게 그루밍해놓은 털에 싫은 냄새를 묻히더라.

연집사가 핸드크림을 바르고 내 머리통을 쓰다듬는 일도 인내심을 시험하는 일이야. 사랑하는 마음이 덜했다면 참아주기 힘들었을 거야. 방법은 얼른 몸을 낮춰 나를 못 만지게 피하거나 처음부터 그루밍을 하는 것뿐! 말이 나와서 말인데, 나는 사람을 좋아하지만 사람에게 안기는 건 딱 질색이야. 생각해봐. 나는 바람의 딸, 날개 없는 새, 명령에 불복종하는 고

고한 영혼인데! 이런 내가 채신머리없이, 네 발이 허공에 떨어져 남의 품에 대롱대롱 안겨 있어야겠어? 물론 헤세를 비롯해 많은 고양이가 집사의 품에 안겨 있는 것을 즐긴다는 건 알아. 다시 말하지만 나는 아니야. 요새도 집사들이 나를 들어올려 품에 안을 기회를 호시탐탐 노리지만, 그때마다 요란하게 발버둥을 치고 비명을 질러 품에서 탈출한단다. 그들은 왜 내 묘격猫格을 지켜주지 않는 걸까? 심각하게 고찰해볼 사항이야.

내가 또 싫어하는 건 물이야. 혀로 할짝할짝 핥아먹는 물 말고 무지막지하게 쏟아지는 물줄기가 싫어. 어느 날은 내가 욕실에 들어가려 하는데, 연집사가 예고도 없이 샤워기 물을 틀지 뭐야. 놀라서 도망갔지. 생각해봐. 내 털이 물에 젖으면, 그걸 말리려면, 말려서 그루밍을 해 다시 손질하려면! 얼마나 많은 시간이 걸리겠어? 물론 목욕을 좋아하는 이해할 수 없는 고양이도 있다는 소문은 들었어. 난 아니야. 절대로 아니지. 석집사가 샤워할 때 나랑 헤세가 들어가서 걱정스럽게 바라볼 때가 있거든? 저 인간이 물에 빠지면 어쩌나 걱정이 되거든. 그런데 그가 웃으면서 뭐라는 줄 아니?

"우리 아기들, 아빠랑 있고 싶어서 욕실까지 따라왔구나!"

나 참, 생각하고 싶은 대로 생각하게 둬야지!

이 밖에도 나는 연집사가 뾰족하게 기른 내 발톱을 깎아버리는 게 싫어. 어떻게 기른 발톱인데! 사냥놀이를 하거나 헤세를 제압할 때 꼭 필요한 무기란 말이야. 웬만해선 연집사에게 발톱을 세우거나 물지 않지만 이때만은 예외야. 나도 화가 나니까. 계속 이러면 정말 콱 물어버릴 거라고 으르렁대지. 연집사는 방실방실 웃으며 후퇴하는 듯 보이다 내가 방심한 사이에 내 발을 낚아채 톡, 잘라버리지. 얄미워. 정말 악취미 아니니? 그럴 기분이 아닌데 헤세가 놀자며 달려들거나 예의 없이 내 목뒤를 무는 것도 싫어. 그럴 땐 마음껏 하악질을 해버리지.

이야기하다보니 싫어하는 것을 많이도 말했네. 알지? 그렇다 해도 나는 좋아하는 것이 더 많단다. 싫어하는 것은 조금만 생각하고 좋아하는 것을 더 많이 생각해야겠다. 그래야겠어.

집사묘시
執 事 猫 詩

8

"흠결에 대해서라면 종일 말하고 싶어

흠결에 빠져 죽어도 좋아

흠결만이 내가 바라는 유일한 것일지도 몰라"

호구

내 고양이

요 거만한 흰 고양이!
요 뚱뚱한 검은 고양이!

이들이 얼마나 이기적인지
얼마나 말썽쟁이인지

나를 봐, 나만 보라고
이렇게 이야기하는 건 흰 고양이

그러다 싫증이 나면 말하지 저리 가
지금은 만사가 귀찮으니까!
하는 수없이 흰 고양이를 흰 손에 맡기지

먹고 또 먹는데
사진을 찍으면 날씬하게 나오는 건 내 검은 고양이
이건 속임수인데?
그래서 인간들이 검은 옷을 찾아 입나?

검은 고양이는 모든 것을 다 알면서(알아채지!)
아무것도 모르는 척 눈을 깜박여
천진을 입은 채 작당모의를 하지

흰 고양이에게 약을 먹이기 위해 몰래 캔을 따서
아무도 모르게 참치와 약을 조물조물 섞고 있으면
(검은 고양이는 너무 많이 먹으면 안 된다니까)
나보다 더 조용히 내 등뒤에서
나보다 더 조용히 숨을 죽이고

나를 지켜보는 거야

깜짝이야!
언제 왔어?
물으면 참치나 얼른 달라 하지
비린 거라면 얼마든지 먹을 수 있다 하지

검은 고양이 모르게 무언가를 하는 건 불가능해
검은 고양이는 모든 것을 그냥 알거든

천사의 얼굴을 하고
순식간에 삼지창으로 할퀴어버리는,

흠결에 대해서라면 종일 말하고 싶어

흠결에 빠져 죽어도 좋아

흠결만이 내가 바라는 유일한 것일지도 몰라

억울해

흠결에 사로잡혀 헤어날 수가 없어

묘생묘책
猫 生 猫 策

9

"잃어버린 가족, 사라진 가족, 헤어진 가족, 만날 길 없는 가족…… 가족 때문에 마음이 아플 때 어떻게 하냐고?
미안해. 그건 아무래도 묘책이 떠오르지 않네. 그냥 아프며 지나갈 수밖에. 방법이 없는 일도 세상에 있나봐."

어머니 전 상서

 어머니, 옥체 두루 평안하신가요? 아침저녁으로 참치 반찬은 잡수시는지 식간에 맛있는 간식은 넉넉히 드시는지 궁금하네요.

 저는 불효막심하게도 어머니의 모습이 기억나지 않습니다. 그렇다고 해서 추적추적 비 내리는 늦가을, 어머니 생각을 전혀 하지 않는 건 아닙니다.

 생각해보세요. 당신은 기억하는 것만 그리워하나요?

이제 가을도 끝나갑니다. 나무들이 몸에 지니던 푸른 것을 탈탈 털어버리고 있네요. 머지않아 앙상한 가지만으로 웅크린 채 추위를 버텨야겠지요. 어떻게 아냐고요? 어머니 앞에서 드릴 말씀은 아니지만 묘생 삼 년 차, 이쯤 살고 보니 저절로 알게 되는 것도 있더군요.

외람되지만 이 말씀은 드려야 할 것 같군요. 제가 다른 고양이보다 세상 이치에 밝고 영특한 두뇌를 가진 건 사실입니다. 어머니, 당신은 '천재묘'를 낳으셨습니다. 네, 바로 접니다. 제 주장이 아니라 저희 집사들의 판단이니 오해 없으시길 바랍니다. 보아하니 사람은 해산 후에 미역국을 먹고 한두 달은 몸조리를 하며 게으름을 피운다고 하는데요. '천재묘'를 낳은 어머니께서는 저를 낳고 어떤 보살핌을 받으셨을지 궁금합니다. 지금 어디에 계신지, 누구와 시간을 보내고 계신지도 알고 싶네요.

저는 어릴 때 기억이 없습니다. 어머니가 저를 언제까지 품에 끼고 젖을 먹이셨는지, 우리가 어떻게 헤어지게 됐는지 알지 못해요. 어느 날 낯선 냄새로 가득한 거리에서 울며 헤매던 기억이 제 첫 기억입니다. 어머니와 함께 지내다 헤어졌는지 다른 곳에서 있다 버려졌는지도 모르겠습니다. '버려지다'란 말을 입에 올리는 것이 편치 않아요. 연집사의 말에 의하면 "이토록 고귀한 존재를 어떻게 감히 버릴 수 있는지" 이해할 수 없다고 합니다.

저는 거리를 헤맸습니다. 털이 하얀 탓에 영역을 차지하고 있던 길고양이들에게 쫓기고 물리기까지 해 혼비백산했지요. 코에 작은 흉터도 생겼어요. 옥에 티지만 뭐 어쩌겠어요? 영웅의 상처라고 생각하고 있습니다.

이후 몇몇 집을 전전한 후, 지금 살고 있는 집을 선택했습니다. 어머니도 아시다시피 고양이들은 자신의 미래를 점치며 원하는 곳에 안착할 수 있도록 염원을 품잖아요. 그 염원이 우리를 어떤 곳에 도착하게 하지요. 운이 좋을 때 얘기지만요. 저는 천재묘라서 그런지 천운이 따르더군요. 저를 섬기고 찬양하는 집사들을 슬하에 거느리고 살고 있습니다. 그들은 스스로를 '엄마' '아빠'라 칭하며 저를 돌본다 생각하는데요. 모르는 말씀! 실은 제가 그들을 보살피고 있답니다. 석집사가 자신의 인생에서 후회하는 한 가지로 '좀더 일찍 고양이를 기르지 않은 것'을 말하고 연집사가 '고양이가 없는 삶은 상상할 수 없다'고 말하는 것을 봐도 알겠지요. 참, 교양이라고는 눈곱만큼도 없는 천둥벌거숭이 '혜세'와도 같이 살아요. 처음엔 많이 싸웠지만 지금은 괜찮게 지내요. 제법 고양이다워지고 있지만 아직 가르칠 것이 많은 애송이지요.

집사들이 담요나 극세사이불을 꺼낼 때면 '꾹꾹이'를 하게 되는데요. 저도 제가 이러는 이유를 모르겠어요. 가끔은 연집사의 수면 바지에 대고 꾹꾹이를 할 때도 있어요. 앞발을 번갈아 꾹꾹 짚으며 눈감고 옛 생각을 하지요. 알지 못하는 순간을 그리워해요. 기분이 좋아지고 제가 안전하고 편안한 곳에 속해 있다는 생각이 듭니다. 연집사는 제가 엄마젖을 먹을 때를 떠올리는 거라고 하는데요. 정말 그럴까요? 어쩌면 제가 아니라 제 몸이 어머니를 기억하나봐요.

사람과 달리 고양이들은 젖을 충분히 먹고 송곳니를 기르고 나면 홀로 설 생각을 하지요. 어머니와 떨어지지 않았다 해도 우리가 서로에게 의지하며 엉켜 살지는 않았을 것 같아요. 저도 잘 모르지만 얼마 전 석집사의 서재에서 주워들은 말이 있어요. 우리는 '단독자'로 살아가야 한다는 말이었어요. 저는 한번 들은 말은 절대로 잊지 않는 명석한 고양이! 어머니, 어디에 계시든 빛나는 단독자로서 씩씩하게 지내시길 바랄게요. 저도 스스로의 행복을 우선으로 돌보며 만수무강하겠습니다.

그럼 소자는 이만 물러가겠습니다.

기억나지 않는 것을 이따금 그리워하기로 해요.

집사묘시
執事猫詩

9

"흰 고양이로 가득한 숲
검은 고양이로 가득한 숲

그 사이

다시 돋아난 묘목이 나예요"

아빠에게

괜찮아

괜찮아졌어요

흰 고양이로 가득한 숲
검은 고양이로 가득한 숲

그 사이

다시 돋아난 묘목이 나예요

사랑하는 죽은 이,

괜찮아요

묘생묘책
猫 生 猫 策

10

"새해에 특별한 일을 계획했는데 지키지 못할까 봐 걱정이라고?
특별한 것을 계획하니까 그렇지. 우리 고양이들처럼 잘하는 것을 계속 잘하려고 해봐. 특별하려고 발버둥치다 평화가 깨질지도 모르니까."

평화란 무엇인고?

 새해 아침이야. 고양이 주제에 새해인 것을 어떻게 아냐고? 연집사가 아침부터 부산하게 움직여서 왜 그런가 살펴봤더니 해가 바뀌었다고 하잖아. 해가 바뀌었다니, 그게 무슨 소리인지 잘 모르겠어. 매일 보아온 해가 오늘 아침에도 하늘에 떠 있던데? 딱하기도 하지. 과민한 연집사는 오늘의 해가 그동안 봐온 해가 아니라고 단언하고 있어. 내가 연집사의 무릎에 얼굴을 비비며 흥분하지 말라고 "저 해가 그 해 맞아!" 하며 타일러봤지만 들은 체도 안 해. 새로운 해가 떴으니 나와 헤세도 새로워져야 한다나? 연집사가 이상한 행동을 하는 것을 한두 번 본 것도 아니니 그러려니 해야겠지. 다른 해가 떴다고 믿고 싶으면 그렇게 믿으라고 해. 믿음이야말로 스스로를 열렬히 속여야 가능한 거잖아.

연집사의 주장대로 오늘 아침 우리집은 새해를 맞이했어. 여기까지는 좋은데 말이야, 나와 헤세의 목에 색동 머플러를 왜 두르라 하는지 모르겠어. 이런 것을 목에 두르면 예전 해가 돌아온다고 믿는 걸까? 연집사는 흥분해서 소리치더군.

"얘들아, 새해 복 많이 받으렴! 올해도 건강하고 씩씩하게 잘 지내야 해. 사고치지 말고!"

나 원, 별소리를 다 듣겠군. 내가 어디 사고를 치는 고양이야? 우리집에서 사고는 헤세와 연집사만 치는데. 뭔가 물어뜯거나 엎지르거나 어지럽히기. 둘만 잘하면 된다고. 나는 연집사의 말을 흘려들으며 창밖 풍경을 보는 것을 멈추지 않았지. 몇 장 안 남은 나뭇잎 사이로 새들이 날아들었다 날아가는 것을 구경하는 건 언제 봐도 질리지 않아. 가끔 튀어나가 잡고 싶은 마음도 드는데 사실 나는 새를 진짜로 잡고 싶진 않아.

잡을 수 있을지도 모른다는 기대, 고요한 시간에 놓인 한두 방울의 긴장을 즐긴다고 해야 할까? 헤세는 정말 잡고 싶은지 안달을 내. 방충망에 매달려 소리를 지르기까지 하더라. 그러면 집사들이 창가로 다가와서 "뭐가 있니?" 물어보지. 나뭇가지 사이에 숨어 앉은 새가 분명 있는데도 "아무것도 없네" 하고 돌아서지. 큰일이야. 우리 집사들은 눈도 안 좋고 귀도 어두워. 먹고사는 게 신기하다니까.

텔레비전 앞에서 뉴스를 보던 집사들이 평화에 대해 이야기를 나눠.

"당신은 평화가 뭐라고 생각해?"
"아무 일도 안 일어나는 것."
"하지만 아무 일이 일어나야 평화가 오기도 하잖아, 전쟁 중에는."
"그렇다면 전쟁이 끝나는 것."

"'함께' 밥을 먹는 것이 평화일까."

"나이가 드니까 사람들이 왜 '세계 평화'를 비는지 알겠어. 어릴 땐 농담인 줄 알았거든, 그런 게 소원이라는 것이."

"소원으로 '세계 평화'를 빌면 농담한 듯 와하하 웃었지."

"농담이 아니고 정말 세계 평화가 오려면 어떻게 해야 할까."

가능하긴 할까?

"무서워."

"무서운 게 점점 많아지지."

"평화란 무서움이 없는 상태일까?"

그 누구보다 똑똑한 고양이, 나 당주가 생각하건대 평화란 인간들이 추구하는 거야. 고양이들에겐 자연스러움을 유지하는 게 곧 평화지. 평화를 뭘 추구까지 한담? 각자의 영역이 있고, 먹을 게 있고, 따뜻한 햇살 한줌이 있다면 고양이들에게 평화는 날씨처럼 따라오는 것일 텐데. 물론 이중 한 가지라도 어긋나면 고양이에게도 평화는 깨지지. 길에서 사는 고양이들에겐 그래서 평화가 얻기 힘든 것이기도 해.

우리집은 석집사가 요리를 하며 싱크대를 어지럽혔다고 연집사가 화를 낼 때, 혹은 연집사가 주차를 하다 자동차를 긁어 먹었을 때 평화가 깨져. 헤세가 늘 자던 소파가 비어 있어 내가 앉아 졸고 있는데 헤세가 비키라고 나를 물 때, 난 놀고 싶지 않은데 헤세가 놀자고 장난을 걸어올 때 평화가 깨져. 다툼이 없는 상태가 평화라면 평화는 깨지기 쉬운 건가?

내가 생각하기에 평화란 밤이 오고 밤이 가는 거야. 아침이 오고 아침이 가는 거지. 슬픔이 오고 슬픔이 가는 것, 이런 게 평화에 가깝다고 생각해.

어제 일어난 일이 한번 더 반복되는 것. 푹신한 방석에 누울 수 있는 것. 배가 고프면 먹을 수 있고 오줌이 마려우면 깨끗한 모래로 가득찬 화장실에 들어가 오줌을 누는 것. 털을 고를 수 있는 충분한 시간이 주어지는 것. 햇빛을 좇아 뒹굴뒹굴하며 몸을 이동하는 것. 다른 고양이의 자리를 탐내지 않는 것. 서로 거리를 지키는 것. 다가가기 전에 기척으로 인사하는 것. 창가에서 낮잠을 잘 수 있는 것. 날아가는 새를 날아가게 두는 것. 잠이 오고 잠이 가는 것. 내 몸에 꼭 들어맞는 종이상자, 그게 평화야.

이렇게 보니 평화에는 내가 좋아하는 것, 당연하게 생각하는 것, 평범하고 작은 것들이 들어 있네. 평화는 대단한 것에 들어 있지 않나봐. 어쩌면 세계 평화는 서로 작은 일상을 지키려 할 때 오는 걸지도 모르겠어. 그렇지 않아?

집사묘시
執事猫詩

10

"날아가는 고양이는 두려워하지 않는다,

두려워하지 않는다는 건

가깝게 느낀다는 말

사람들은 시가 날아다니는 것을 두려워한다"

시와 새

사람들은 하늘에 속한 새는 두려워한다
두려워한다는 건 멀게 느낀다는 말

사람들은 잡히지 않는 새는 두려워한다
두려워한다는 건

멀게

느낀다는 말

알 수 없을 때 사람들은
이해할 수 없다고 한다

문으로 가득찬 숲에서 문을 열다
자신이 문인 것을 잊고
갇혔다 말한다

이상하지? 사람들은

마치 장미에 대해서는
구름에 대해서는
굴러가는 바퀴에 대해서는 다
이해하는 듯이

가을과 겨울 사이,

모르는 여자가 붉은 치마를 입고 걸어간다
푸른 자동차가 달려온다

고양이는 이해하지 못한 채
붉음 속으로 들어간다
푸름 속으로 뛰어든다

폴짝 뛰어 사라지는 고양이

날아가는 고양이는 두려워하지 않는다

두려워하지 않는다는 건
가깝게 느낀다는 말

마치 장미에 대해서는
굴러가는 바퀴에 대해서는
다
아는 듯이

사람들은

시가 날아다니는 것을 두려워한다

묘생묘책

猫 生 猫 策

11

"일할 때 집중할 수 있는 법이 있냐고?
일할 땐 일을 생각해. 일할 때 딴생각을 하니까
집중이 안 되는 거지. 너무 입바른 말을 했나?
나 이러다 꼰대 고양이라고 소문나는 건 아니
겠지?"

그녀가 일하는 법

내 생활신조는 이래. '보이면 보고, 들리면 듣고, 냄새나면 냄새 맡는다.' 그러니 깨어 있을 때 할일이 얼마나 많겠어? 내가 종일 보고 듣고 냄새 맡는 일을 '세계고양이노동법 제32조'에 의거해 돈으로 환산해 받는다면 지금쯤 맨해튼의 빌딩 한 채를 구입해 캣타워로 쓰고 있을지도 모르지.

그런데 저기 봐. 가련한 사람이 하나 있으니 바로 우리 연집사야. 책상 한가득 책을 쌓아놓고 자리가 비좁다고 투덜거리는 저 양반! 점심이 지나도록 씻지 않고 통통 부은 얼굴로 앉아 있네. 나 같으면 책상을 깨끗이 치운 다음 일을 할 텐데. 연집사는 이쪽 책 위에 저쪽 책을 쌓고, 저쪽 책이 있던 자리에 다른 쪽 책을 옮겨 쌓으며 한숨을 쉬고 있어. 책상 가운데 겨우 랩톱을 놓을 자리를 만들고는 상체를 수그린 채 키보드에 손을 올리지. 이제 일을 좀 하려나 생각하는 순간 연집사는 자리에서 일어나. 창가로 가서 블라인드를 내리지. 지금이 빛이 가장 좋은 시간인데! 이 빛을 벗삼아 낮잠을 자고 싶었던 내 꿈이 깨졌지. 드라큘라 같으니라고.

연집사는 스마트폰을 손에 쥐더니 음악을 틀어.

"이왕 음악을 들을 거라면 모차르트나 슈베르트가 좋아!"

내가 이렇게 의견을 제안했는데 연집사는 재즈를 틀어. 대낮에 재즈라니, 이 분위기가 괜찮다고 생각하나? 언제나 자기 좋을 대로 한다니까. 이제 연집사가 일을 좀 하려나 기대한다면 오산이야. 스마트폰을 쥐고 무언가를 한참 보네. SNS에 올라온 고양이 영상이야. 연집사는 미소를 지으며 고양이를 보고 또 다음 피드에 올라오는 고양이를 보고 또 다음 피드에 올라오는 고양이를 봐. 저렇게 작은 기계에 고양이들이 어떻게 다 들어가 있는지 모르겠네. 아무튼 자존심 상해. 나처럼 완벽한 고양이가 눈앞에 있는데 왜 화면 속에서 낑낑거리는 애송이들을 보는 거지?

내가 이 집에 현존하는 고양이란 것을 알리기 위해 책상 위로 뛰어올라갔지. 아차차! 조심한다고 했는데 책더미 중 하나가 쓰러졌어. 연집사가 스마트폰에서 눈을 떼더니 나보고 말썽을 피우지 말래. 나 원 참, 책상이란 게 뭐야? 고양이들의 수직 공간을 보충하기 위해 집에 마련해놓은 가구잖아? 원한다면 집사들이 앉아서 뭘 할 수도 있고 말이야. 주객이 전도되었어! 연집사가 쓰러진 책들을 바닥에 대충 쌓아놓고는 내게 자리를 만들어주네. 좀 미안했는지 손수건을 펼쳐서는 이 위에 앉으래. 나는 정확히 손수건 옆자리에 앉았어. 아직 기분이 안 풀렸거든.

연집사는 랩톱을 노려보며 한숨을 쉬고는 내 얼굴을 쓰다듬으며 상찬을 늘어놓아. 내가 좋다는 얘기지. 그러고는 턱을 괸 채 손끝으로 앞니를 톡톡 두드려. 일을 시작하려나봐. 나도 알고 있어. 우리집 집사들이 랩톱으로 뭔가를 쓰면 나와 혜세를 위한 간식을 살 수 있다는 것을 말이야. 얼마나 생색을 내는지 우리에게 자주 이렇게 말한단다.

"엄마, 아빠가 힘들게 글을 써서 너희들 맛있는 것을 사주는 거야. 고맙지?"

고맙긴 고마운데, 연집사가 저렇게 일을 안 하고 딴청을 부리면 앞으로 제대로 된 음식을 먹을 수 있을지 걱정이 돼.

오, 연집사가 드디어 뭔가를 쓰기 시작했어. 손끝으로 탁탁 키보드를 두드리네. 뒤통수를 한번 긁고 다시 탁탁탁 두드려. 손끝으로 안경을 치켜올리고 스마트폰으로 시간을 확인해. 이때 거실에서 자던 혜세가 일어나 밥을 먹는 소리가 들려. 아주 작은 소리지. 연집사는 벌떡 일어나 거실로 나가더니 혜세에게 잘 잤냐며 참견을 해. 냉장고 문을 열었다 닫고 부엌 찬장을 열었다 닫고 커피 주전자에 물을 넣고 끓여.

도대체 왜 저러는가 몰라. 또 마감일을 넘겼다며 동동거릴 테지. 스트레칭으로 뭉친 어깨를 푼다며 거실에 누워 몸부림을 치겠지. 엎드려서 나와 헤세에게 '꾹꾹이'를 해달라고, 효도해야 간식을 준다고 협박하겠지. 일을 독촉하는 메일을 받고 소스라치게 놀라 방으로 뛰어가겠지. 나와 헤세가 소리쳐 불러도 이번에는 대꾸하지 않고 '진짜 마감'에 임하겠지. 불난 집에서 뛰쳐나오는 사람처럼 혼비백산해 마감을 한다며, 석 집사에게 핀잔을 듣겠지. 일을 다 끝내면 나를 품에 안아보겠다, 헤세를 안아보겠다 술 취한 사람처럼 귀찮게 굴 테지.

한심하지만 어쩌겠어. 저 일이 연집사의 일이라면 내가 맛있는 것을 먹기 위해서라면, 그녀의 일을 계속 응원해야지.

그래도 말이야. 책상은 좀 치워줬으면 좋겠어.

집사묘시
執 事 猫 詩

11

"사랑에서 멀리 있기
가능한 발각될 수 없는 곳으로 가서 숨기
숨는다는 건 아직
자유롭다는 것"

캣타워

사랑에서 멀리 있기
가능한 발각될 수 없는 곳으로 가서 숨기
숨는다는 건 아직
자유롭다는 것
금박으로 시침질하고
은빛으로 완성하기

금에서 은까지
날개를 만들고
날개를 펼치며 날아오르기

고단하다 생각이 들면
잠들기
잠에서 깨어나면 다시
날개 달기

날개

날개

날개가 쓸개로 전락할 때까지
혼자 있기
혼자서
더는 오지 않으려나
기다리기
문지방에 앉아

날개

달기

날개를 달며 오지 않으려는 것을
기다리기
이쪽입니다
이쪽으로 오세요
시침질로
방향을 알리기
날개를 달다
날개 속으로
들어가

날개 되기

날게

되기

세상에 처음 발톱을 내밀던 순간을
시침질로 새기기
시침질로 잦아들기
부드러운 천에 고개를 파묻기

금박,
그리고 은박으로

음악
하기

날개, 하기

묘생묘책
猫 生 猫 策

12

"나쁜 소문이 퍼져서 억울한 상황이라고?
나쁜 소문은 나쁜 바람을 일으키지. 그 바람을
다 맞을 필요는 없어. 언젠가 바람이 멈출 거야.
그때 내 본연의 모습이 드러날 테지. 그날을 위
해선 단단해져야 해. 진짜 네 모습을 보여주기
위해선 시간이 필요하기도 하니까."

나쁜 소문은
나쁜 바람을 일으키지

에고이스트, 새침데기, 난폭한 사냥꾼, 은혜를 모르는 동물……

알고 있어. 이런 이유를 내세워 고양이의 평판을 깎아내리고 나쁜 소문을 퍼뜨리는 사람들이 있다는 것을 말이야. 한쪽에선 이렇게 말하는 사람이 있다는 것도 알지.

"무슨 상관이에요? 이렇게 사랑스러운데. 고양이가 나를 백 번 할퀸다 해도 상관없어요."

나쁜 소문이든 좋은 소문이든 고양이가 이런 말에 눈 하나 깜짝할 종족은 아니지. 그렇지만 짚고 넘어갈 부분은 있어. 사람들은 마치 자기들 중에는 에고이스트, 새침데기, 난폭한 사냥꾼, 은혜를 모르는 자가 없는 것처럼 말하더라? 자기 이익을 위해서라면 더욱 난폭하게 사냥을 하고, 약한 자를 해치고, 지구를—끝장날 때까지—오염시키는 사람이 얼마나 많아?

나에게 에고이스트적인 면모가 있다는 것은 인정해. 새침데기? 그건 한 달에 두어 번 듣는 이야기지. 난폭한 사냥꾼? 은혜를 모르는 것? 오, 그건 그렇지 않아. 헤세라면 몰라도 나는 아니야. 이 년 전쯤이라면 모르겠다. 아니, 그때도 난폭한 편은 아니었어. 나는 활달하고 패기 넘치는 사냥꾼이었지. 헤세처럼 사냥놀이를 하다 흥분해 물건을 떨어뜨리거나(혹은 관심을 받으려고 멀쩡한 물건을 바닥으로 떨어뜨리거나) 집사들 팔에 상처를 내는 일은 없었지.

참, 이런 적은 있네. 이 집에서 산 지 얼마 안 되었을 때야. 집사들이 쓰레기를 버리러 나간 사이에 기분 전환 삼아 '우다다'를 했어. 그땐 기력이 넘쳐 달리기도 빨랐거든. 내 백 미터 최고 기록이 8초 24쯤 될 때였을 거야. 우사인 볼트와 같이 달리면 볼트가 나보다 한두 걸음 늦게 들어올 정도랄까? 뛰다가 거실 벽에 세워진 유리액자를 쓰러뜨리고 말았어. 내 키의 세 배쯤 되는 커다란 액자가 산산조각 났지.

 집으로 돌아온 집사 둘이 놀라서 나를 안방으로 격리하고는 내 발바닥이 다치지 않았는지 살펴보더군. 그들이 화를 내면 어쩌나 걱정했는데 그 정도로 몰상식하진 않았어. 연집사는 위험을 인지하지 못하고 액자를 벽에 세워둔 자기 탓을 하며 사과하더군. 석집사는 사방에 널린 유리조각을 치우며 액자를 새로 맞춰야겠다고 했지.

 이해할 수가 없어. 대관절 나무 형상으로 그려진 '재즈 뮤지션의 계보' 포스터가 이 집에 왜 필요한 거야? 내다버리지 않고! 그보다는 연집사 친구의 딸이 그려준 내 초상화를 고급 액자에 새로 넣어줬으면 좋겠어. 연집사가 이 고귀한 작품을 싸구려 액자에 끼워두었거든.

이런 얘기를 길게 하려던 건 아니야. 나 말이야, 새침데기일지는 몰라도 은혜를 모르는 고양이는 아니거든. 은혜를 갚는다는 게 뭐야? 맛있는 것을 받았을 때 눈을 찡긋 감아서 내가 기분 좋다는 것을 알리는 것, 이것이 바로 은혜를 갚는다는 말이잖아! 그러니 당신도 카페에서 커피를 주문하고 받을 때, 누군가 맛있는 것을 줬을 때 상대를 향해 눈을 감았다 지그시 뜨란 말이야. 은혜를 아는 건 이런 거니까. 알겠어?

내가 보기에 인간들은 고개를 주억거리거나 시끄러운 소리로 인사는 해도 은혜를 갚진 않는 것 같아. 그것참 문제지.

나는 말이야. 우리집에서 누군가에게 무슨 일이 생기면 재빨리 달려가거든. 아까 내 달리기 실력 말했지? 나는 '움직이는 고양이'야. 생각하기 전에 행동하지. 위험을 감지했을 때 그래. 평소에는 우아함을 추구하느라 느리게 행동하지만. 가령 헤세가 연집사에게 장난을 치느라 깨물 때가 있어. 그럴 땐 무시하지. 소란스럽게 노는 애송이를 못 본 척해. 그런데 어느 날은 헤세가 연집사 팔뚝을 아프게 물었나봐. 비명 소리가 들리기에 총알처럼 뛰어갔지. 연집사는 상처 난 팔뚝을 부여잡고는 감동에 겨워 소리치더군.

"여보, 봤어? 당주가 나 괜찮은지 보려고 헐레벌떡 뛰어왔어! 당주야, 고마워."

연집사의 감동을 뒤로하고 돌아섰지. 괜찮으면 됐지, 호들갑은 질색이니까. 석집사가 연달아 기침을 세 번 이상 할 때도 나는 달려가. 가서 괜찮은지 살피지. 죽으면 안 되잖아. 석집사 역시 감동받아 눈물을 글썽이며 자기는 괜찮다고, 내게 무릎이라도 꿇을 듯이 고마워하지. 헤세가 집사들의 화장실에 들어가 울고불고할 때가 있는데 그때도 내가 제일 먼저 달려가. 애송이에게 큰일이 난 건 아닌지 살펴보려고. 별일이 없어도 내 몸이 자동으로 움직인단 말이야. 집사들은 나를 '정의로운 고양이'라고 불러. 이래도 고양이를 에고이스트에 은혜를 모르는 존재라고 할 수 있겠어?

내가 뉴스를 챙겨보는 지식묘(知識猫)인 거 알지? 항간에 고양이를 싫어하는 자들이 우리에 대해 나쁜 소문을 퍼뜨리고 학대를 일삼는다는 얘기도 들었어. 고양이를 '털 달린 바퀴벌레들'이라는 멸칭으로 부르는 것도 모자라 고양이 밥에 독극물을 탄다지. 고양이를 영물이라고 하거나 눈이 무섭다며 혐오하는 자가 있다는 것도 알아. 사람이 사람으로 태어난 것처럼, 우리는 고양이로 태어나 고양이로 살아가고 있을 뿐이야. 좋고 싫다고 평가하는 건 사람들이지, 우리가 원하는 게 아니야. 한 존재를 경험하기 전엔 누구도 다 알 수 없잖아.

쓸쓸한 생각이 들어. 길고양이들에게 밥을 주는 것도 사람, 독을 주는 것도 사람이란 생각을 하면…… 운이 없었다면 나 역시 여전히 길에서 지냈을 거야. 누군가 지금 힘든 일을 겪고 있다면 그건 내 일이 될 수도 있었겠지. 정의로운 고양이, 나 당주는 생각이 많아지네.

집사묘시
執 事 猫 詩

12

"쪽문이 작아질 때까지

사라질 때까지

너는 날아갔지 한자리에서

발톱으로

세상을 살짝 움켜쥔 채"

고양이는 슬플 때 변신한다

쪽문에서

너는 나왔지 얼굴을 두 손으로 가린 채
눈물을 흘리며

너는 작은 존재

무엇이든 작았지
고통의 무게도
희망의 음역도

살림살이마저 작고 작았지

쪽문에서

너는 나오며 밤기러기를 보네
줄지어
하늘을 가로지르는
밤물결

너는 기러기가 되고 싶다 했지
저녁 내내
밤물결에 기대어 기도하지

쪽문에서 너는 나왔지
투명한 날개를 푸드덕거리며
드디어 떠날 준비를 마쳤지

누군가 너를 바라보네

기러기가 된 고양이

쪽문이 작아질 때까지
사라질 때까지
너는 날아갔지 한자리에서

발톱으로
세상을 살짝 움켜쥔 채

묘생묘책

猫 生 猫 策

13

"길티 플레저Guilty Pleasure에 대해 어떻게 생각하느냐고?
'플레저'에 왜 죄책감이 따라붙는 거야? 기쁨은 그냥 기쁨으로, 온전히 누리자고!"

내가 좋아하는 것들

아침을 배불리 먹어 흡족한데 내가 앉은 창가로 빛까지 들어온다면 기분이 좋지. 이참에 내가 좋아하는 것들을 말해줄게. 귀기울여 듣고 모르는 게 있으면 받아 적으렴. 이 글을 읽고 있는 사람이라면 고양이가 무얼 좋아하는지 알고 싶어 안달이 난 부류일 테니까. 내 말이 맞지?

나는 꽃에 무감해. 잎을 더 좋아한달까. 개박하라면 자다가도 벌떡 일어나 체면 차리지 않고 나뒹구는 편이야. 나를 처음 만나러 온다면 '캣닢'이라고도 불리는 개박하 한 묶음을 가지고 와줘. 가끔 연집사가 깨끗이 닦은 바닥에 캣닢을 손으로 비벼 흩뿌려주면 너무 행복해서 무릎이 꺾인단 말이야.

누가 내게 어떤 향수를 만들고 싶은지 묻는다면 이렇게 답하겠어. 탑노트로 참치, 미들노트로 닭가슴살, 가장 중요한 베이스노트로는 개박하 향을 사용하겠다고 말이야. 고양이를 위한 향수를 만들어 출시한다면 온 세상 집사들이 나에게 전화해(아니, 나는 전화가 없으니 내 집사들에게 전화해) 상품을 주문하겠다고 난리일 테지? 나는 떼돈을 벌게 될 테고 연집사, 석집사가 나를 존경한다며 굽실거리겠지. 용돈을 받고 싶어 내 무릎에 얼굴을 비비며 아양을 떨지도 몰라. 아, 내가 물질만능주의에 빠진 고양이라고 오해하면 곤란해. 내가 벌어들일 수익 중 일부는 길에서 생활하는 내 종족의 복지를 위해 따로 기부할 생각이야.

가만, 무슨 얘기를 하던 중이었지? 그래, 좋아하는 일을 떠올리던 중이었어. 매일 아침 습식을 먹는 시간이 좋아. 연집사가 졸린 눈을 비비며 일어나면 헤세가 얼른 습식을 내놓으라고 아우성이지. 어느 때는 얼마나 집요하게 조르는지 연집사가 화장실도 못 가고 부엌으로 끌려와 습식을 대령할 때도 있어. 나는 연집사가 캔을 따는 상쾌한 소리를 들으며 점잖게 입맛을 다시며 기다리지. 습식을 하루에 세 번 먹을 수 있다면 좋을 텐데, 왜 한 번만 주는지 몰라.

 습기 없이 뽀송한 모래 위에 똥을 싸는 것, 이건 무엇보다 즐거운 일이야. 항간엔 변비에 걸려 고생하는 고양이들도 있는 모양인데 나는 아니야. 가끔 건조한 똥을 눌 때도 있지만 대부분은 촉촉하고 길쭉한 똥을 푸짐하게 싸놓지. 앞발을 사용해 모래를 잘 덮은 뒤 환호성을 지르며 '우다다'를 하는 일은 삶의 보람이랄까, 쾌변을 축하하기 위한 나만의 의식이랄까.

 옆에서 내가 똥 누는 것을 구경하던 헤세도 쏜살같이 달려와 우다다에 동참하지. 우리는 식탁 위에서 시작해 안방 침대 위, 마룻바닥, 소파를 거쳐 창가에 놓인 캣타워 꼭대기까지 쉬지 않고 뛰어. 왜 뛰냐고? 바람에게 왜 부냐고, 새에게 왜 나느냐고 묻는 일처럼 바보 같은 질문이네. 우린 그냥 뛰어. 그게 좋으니까!

나는 말이지. 몸이 있으니까 몸을 사용하고 눈이 있으니까 눈을 사용해. 뛰고 싶으면 뛰고 보고 싶으면 보고 졸리면 잠들지.

잠이야말로 내가 좋아하는 일이야. 고양이에게 잠은 여러 종류가 있어. 눈을 가늘게 뜨고 뭔가를 보는 둥 마는 둥 하며 졸기, 몸을 둥그렇게 말고 혼곤하게 자기, 식빵 자세로 텔레비전 뉴스를 듣다 자기, 사지를 쭉 뻗은 자세로 깊이 자기…… 나는 잠자는 시간을 사냥하는 시간만큼 사랑해.

이 외에도 지나가는 거미 관찰하기, 햇볕을 쬐며 그루밍하기, 식탁 위에 앉아 집사가 요리하는 것을 구경하기, 장롱이 열린 틈을 타 몰래 들어가 숨기, 집사들이 어디 있냐고 찾아다니는 것을 장롱 속에 엎드려 모른 척 듣고 있기, 계절이 바뀌는 풍경을 창가에서 구경하기, 집사들이 간식을 먹으라고 부를 때 귀를 쫑긋 세우며 달려가기, 집에 온 손님이 내가 예쁘다고 감탄할 때 하품하기 등등.

요새 새롭게 좋아하는 일이 생겼어. 새벽 세시쯤, 집사들과 헤세가 잘 때 화장대 서랍을 뒤지는 일이야. 두 발을 사용해 서랍 귀퉁이를 집요하게 공략하면 어느 순간 서랍이 스르륵 열리거든? 열린 서랍 위로 올라가 땅을 파듯 서랍 속을 파헤치는 거지. 그러면 석집사, 연집사, 헤세가 차례대로 눈을 뜨고 나를 봐. "쟤는 왜 저러는 거야?" "서랍은 어떻게 연 거지?" "내가 못 살아!" "야옹!" 이런 소리가 들리면 나는 더 신이 나 어둠 속에서 서랍을 뒤져. 마치 도둑처럼.

하필 새벽에 홀로 깨어 외롭고 심심한 터에 남들의 관심을 좀 받고 싶은 건데. 집사 중 하나가 이불 속에서 나와 나를 안아들고 아직 잘 시간이라 말하며 서랍을 닫고, 내 머리를 쓰다듬어주면 외로움이 조금 가셔. 운이 좋으면 새벽 세시에 간식을 얻어먹을 수도 있어.

사실 내가 정말 좋아하는 순간은 집사들이 외출했다 돌아오는 시간이야. 현관 앞에서 도어락 비밀번호를 누르는 소리와 함께 문이 열릴 때! 나는 침대나 내 전용 소파에서 잠을 자다가도 집사들이 계단을 올라오는 기척이 들리면 현관까지 달려가지. 이건 좀 개처럼 보이려나? 어느 날은 체면이 깎이는 것 같아 멋쩍은 기분이 들지만 내 몸이 항상 마음보다 먼저 도착하는 거야.

집사들은 나와 헤세의 이름을 부르며 인사하지. 헤세는 바닥에 몸을 뒹굴며 좋아 죽을 듯한 마음을 진정하려 애쓰고 나는 집사들이 옷에 묻혀온 바깥 냄새를 맡으며 반가움을 표시해. 나는 이때 안도감이 들더라. 무언가 중요한 것을 잃어버렸다 찾은 것처럼 안심이 되고, 이제 곧 맛있는 저녁을 먹겠다는 기대감이 들지.

가족과 함께 있는 것, 나는 아무래도 그것을 가장 좋아하는 것 같아.

집사묘시
執事猫詩

13

"고양이들이 테이블에서 뛰어내린다

계산대 위로 올라간다

계산은 눈키스 한 번

그리고 두 번

고양이들이 고양이 카페에서 나간다"

취

고양이들이 고양이 카페에 들어온다

창틀에 앉아
테이블에 앉아
소파에 앉아
도어매트에 발톱을 긁으며
원하는 것을 주문한다

뜨거운 츄르 마키아토 한잔, 참치 트릿 토핑은 더블로!
아이스 북어 셔벗 하나!

차가운 캣그라스 한 접시, 소스 없이!

캣만두 그라탱 하나! 죽은 캣만두도 살린다는 오븐에 십 초 데워서.

고양이들이 함께 사는 인간에 대해 말한다

우리 집사는 오늘 설사를 두 번 했어
냄새가 지독했지
그런데도 차가운 커피를 마시더군
혼이 더 나봐야지

우리 집사는 감정이 너무 헤퍼
사랑한다는 말을 너무 자주 하지
지루하게 말이야

사랑이 뭔데?
츄르보다 좋은 건가?

바보야
츄르보다 좋은 게 있겠냐?

우리 집사는 여름이라고 내 털을 빗어대는데 귀찮아 죽겠어
털이 많이 빠진다나?
이 털들이야말로 내 정체성인데

빗질?
난 빗질할 때 좋은데
시원하잖아

자고로 고양이라면 말이지
그루밍으로 알아서 털 정리쯤은 할 수 있는 법!

그런데 어디에서 쉰내 안 나니?

시큼한 냄새가 나긴 나

여기 청소 안 하나?

가자 다른 카페로
볕이 쨍쨍한 곳!

고양이들이 테이블에서 뛰어내린다
계산대 위로 올라간다
계산은 눈키스 한 번
그리고 두 번

고양이들이 고양이 카페에서 나간다

묘생묘책

猫 生 猫 策

14

"나쁜 소식을 듣는 게 괴로워서 뉴스를 보기 싫다고?
좋든 나쁘든 현재 세상에 일어나는 문제가 있다면 정확히 봐야지. 기뻐하라고 만드는 뉴스는 없어. 괴로운 일이 벌어지고 있다면 괴로워해야지 별 수 있나. 당신이 세상 사람이라면 말이야. '눈 가리고 아웅' 하고 싶으면 나처럼 고양이로 태어나든가……"

생방송 야옹 아침

내가 뉴스를 챙겨보는 인텔리 묘(猫)라는 것은 전에 말한 적 있던가? 매일 아침 집사들이 사과나 요구르트를 먹으며 뉴스를 볼 때 나도 같이 앉아서 보거든. 뉴스를 봐도 재미있는 소식이나 귀가 솔깃해지는 정보는 거의 없지만.

요새 석집사는 AI 기술 발달로 반도체 사업이 각광받고 있다며 주머닛돈을 주식에 투자했다고 하더라. 아침 아홉시, 장이 열리는 시각에 맞춰 주식 관련 뉴스를 봐. 획획 바뀌는 숫자들을 응시하며 코스피와 코스닥이 어쩌고저쩌고, 달러 시세가 자꾸 오르면 안 된다며 중얼거리곤 해. 내가 보기엔 움직이는 숫자들일 뿐인데 그게 뭐가 중요하단 거지? 어느 날은 나이는 숫자에 불과하다며 숫자는 중요한 게 아니라더니 이제는 숫자에 자기 운명이라도 걸린 듯 하염없이 바라보고 있잖아. 한심하지 뭐야.

연집사는 어떤 줄 알아? 빨래를 개다 뉴스에서 자기 이름이 나온다며 키득거리는 거야.

"어머, 누가 나 부르는 줄 알았잖아!"

나도 의아하긴 해. 뉴스에서 왜 자꾸 우리 연집사의 이름을 언급하는지 알 수가 없어. 아무튼 자기 이름이 나올 때마다 슬며시 좋아하는 모습은 바보 같아 보여.

"미美 '연준'이 다음달 금리 인하 가능성을 발표했습니다."

"당주야! 엄마가 이렇게 세계 경제를 좌지우지하는 사람이야. 대단하지?"

이런단다. 딱하긴, 모르긴 해도 혼자 공상에 빠져 있는 것 같아.

사람들이 만들고 전하는 뉴스 중에 중요한 내용은 하나도 없는 것 같아. 도대체 재미있고 유익한 정보는 왜 뉴스에 나오지 않는 걸까? 만약 나 당주가 고양이들을 위한 뉴스 앵커가 된다면 이런 내용으로 꾸려볼 거야. 들어봐.

"뉴스를 알려드리겠습니다. 온 세상 고양이들은 귀를 쫑긋 세우고 잘 들어주시기 바랍니다.

1. 봄이 되어 해가 일찍 뜨는 관계로 새들의 기상 시간이 빨라졌습니다. 늦잠을 자거나 딴짓을 하느라 하루 중 가장 재미있는 구경을 놓치는 고양이가 없길 바랍니다. 혹시 재미도 없고 교훈도 없는 아침드라마를 보느라 혼이 나간 집사와 사는 고양이라면, 앞발을 사용해 리모컨으로 TV 전원을 꺼버리거나 송곳니로 브라운관을 깨물어 집사의 한심한 관람을 중단

시켜주시기 바랍니다.

고요한 가운데 따뜻한 츄르 한잔을 홀짝이며 새들의 아침 활동을 지켜보시기 바랍니다. 내일 아침 해 뜨는 시간은 다섯시 삼십이분입니다. 새들이 가장 활동적인 시각은 여섯시부터 아홉시 사이일 것으로 예상합니다. 황금시간을 놓치지 마세요.

2. 유용한 생활 정보를 알려드립니다. 오래 사용해 낡고 무디어진 스크래처에 발톱 갈기 힘드셨죠? 고양이 여러분, 얼마나 고생이 많으십니까? 발톱은 우리의 자존심이자 생존을 위한 무기인데 스크래처가 변변치 못하면 불편하기 이를 데 없는 줄 압니다. 임기응변으로 소파나 벽지에 대고 발톱을 손질하려 하면 집사의 잔소리가 날아오지요.

자, 어지간해선 스크래처를 교체해주지 않는 자린고비 집사와 사는 분들에게 희소식입니다. 새 스크래처를 얻어내기 위한 방법이 있습니다. 일단 사료를 급하게, 마시듯 삼킨 다음 스크래처 위에 그대로 토를 해보시기 바랍니다. 고양이에게 구토는 누워서 식은 참치 먹기죠. 한 번으로 안 되면 두어 번 더 토를 하세요. 스크래처 가운데를 조준해 하는 게 좋습니다. 종이로 된 스크래처가 토사물 흔적으로 삭아버리기 때문에 집사들이 스크래처를 사주지 않고는 못 배기게 됩니다. 아무쪼록 발톱 관리를 소홀히 하지 말고 고양이다운 일상을 누리시길 바랍니다.

3. 고양이 여러분, 뱃속에 헤어볼 한두 뭉치씩은 가지고 계시죠? 헤어볼 소화를 위해 우리가 섭취하는 것이 '캣그라스'인데요. 맛이 없다고 채소는 입에도 대지 않는 고양이를 위해 유용한 팁을 알려드립니다.

캣그라스를 잘게 잘라 츄르에 비벼먹는 방법입니다. 소화도 잘 되고 텁텁한 풀내가 중화돼 먹기에 나쁘지 않다고 합니다. 건강을 위해 식이섬유는 필수입니다. 요새는 수경재배로 쉽게 수확할 수 있는 캣그라스 제품이 나왔다고 하니 집사들에게 요구하시기 바랍니다. 참고로 저희 집사는 수경재배로

기를 수 있는 캣그라스를 사왔답니다. 자랑 아니냐고요? 맞습니다. 왜요, 뉴스에서 제 자랑은 하면 안 되나요?"

이런 뉴스는 어때? 아주 유익하고 재미있지 않아? 그런데 뉴스를 전하다 앵커가 자기 자랑을 하면 정말 안 되나? 가령 주식 정보를 이야기하다 "참고로 제 주식은 어제 3.5퍼센트 올랐습니다! 부럽지 않나요, 여러분?" 이렇게 말하면 안 되냐는 말이야. 날씨 정보를 알려주다 앵커가 비 맞은 이야기를 들려준다거나 범죄자의 범법행위를 알리며 욕을 한 바가지 해주거나 정치인의 부정부패를 알리며 정신 차리라는 조언 한마디하는 것, 괜찮지 않아?

내가 뉴스 보도국 총괄 프로듀서라면 동물권을 위한 코너를 만들고, 길고양이를 만났을 때 지켜야 할 에티켓도 알려줄 텐데…… 나는 사람들이 만들고 보는 뉴스가 지나치게 진지하고 생동감이 없는 게 흠이라고 생각해.

집사묘시
執事猫詩

14

"종이 위에 토해내면

캄캄하고 빛나는 옛날

내가 공들여 핥은 빛

내가 공들여 삼킨 빛

시"

헤어볼

사과를 먹던 옛날

먹은 사과를 그리워하던 옛날

죽은 여자를 살리던 옛날

산 남자를 죽이던 옛날

내가 나를 사랑하지 못한 옛날

혼자 기저귀를 갈던 옛날

태어나는 아기를 구경하던 옛날

속됨 속에서만 사랑을 나누던 옛날

뱉은 침 속에서 수영하던 옛날

꼬리로만 헤엄치던 옛날

눈물이 말갈기처럼 휘날리던 옛날
시도 고양이도 모르던 옛날

종이 위에 토해내면
캄캄하고 빛나는 옛날

내가 공들여 핥은 빛
내가 공들여 삼킨 빛

시

시

묘생묘책
猫 生 猫 策

15

"재미를 찾다보니 자꾸 스마트폰을 보게 된다고? 어쩌면 재미있는 일은 밖이 아니라 네 안에 있을지도 몰라. 나는 그루밍을 할 때가 즐거운데 사실 고양이에게 그루밍은 외면이 아니라 내면을 다듬는 일이거든? 재미있는 일은 내면을 다듬을 때, 내 속을 들여다볼 때 생기는 거라고 생각해."

당신의 세상은 작고
깨지기 쉽다

이른 새벽이야. 집사들은 잠들어 있어. 요새 나는 연집사의 왼쪽 옆구리에 엉덩이를 붙이고 잠을 자. 원래는 석집사의 오른 발치에서 잤는데 맘이 바뀌었어. 마음은 수시로 변하니까.

나는 언제나 먼저 깨어나 집사들을 바라봐. 이 사람들이 언제 일어나서 내게 아침밥을 주려나 생각하지. 깨어날 기미가 보이지 않으면 집사들의 얼굴을 관찰해. 어떻게 이렇게 재미있게 생겼지? 눈은 작고 털도 없고 코 옆에 근사한 수염도 없이 잘도 살고 있네. 석집사는 턱 아래 수염이 나 있지만 효용이 있는 수염은 아니야. 무엇을 감각하기엔 지나치게 짧고 볼

품없지. 수염이라기보단 '무용한 털'이라 보는 게 맞겠어. 집사들에게선 친숙한 냄새가 나. 살 냄새와 화장품 냄새, 옅은 땀 냄새 따위가 섞여 체취가 만들어지지. 나를 안심하게 만드는 냄새야.

연집사는 눈을 뜨자마자 오줌을 누러 가. 집사 전용 화장실로 말이지. 모래도 없고 조금 습하고 인공적인 비누 냄새가 나고 벼락처럼 물이 쏟아지는, 내 입장에서는 쾌적하다 할 수 없는 곳이지.

아침 화장실에서 어떤 광경이 벌어지는 줄 아니? 연집사를 따라 들어온 헤세가 변기에 앉은 연집사의 무릎 위로 냉큼 올라가. 얼마나 꼴사나운 풍경인지! 오줌을 누면서 헤세를 품에 안은 연집사의 모습 말이야. 질투하냐고? 내가? 절대 아니야! 누가 오줌을 누고 있는 사람 무릎 위에 올라가고 싶어 한담? 헤세는 연집사의 품에 안겨 졸졸 오줌이 나오는 소리를 들으며 '꾹꾹이'를 해. 골골송까지 부르면서. 매일 아침 이 우스운 광경을 목도하는 게 바로 나야. 나는 관찰하는 고양이니까.

화장실에서 나온 연집사는 스마트폰을 들여다봐. 밤새 무슨 일이 일어났는지 확인하기 위해서라는데 정말 바보 같지 뭐야. 세상이 어떤지 확인하려면 창을 열고 밖을 내다봐야지. 새가 날고 구름이 흘러가고 사람들이 지나다니는 '진짜 세상'이 바로 저기 있는데!

정말 궁금해서 그러는데 누가 대답 좀 해줘. 도대체 사람들은 왜 작고 딱딱하고 네모난 이 물체를 항상 들고 다니며 시도 때도 없이 들여다보는 거야? 그걸 들고 다녀야 하는 법이 생기기라도 한 거야? 내 눈엔 사람들의 손이 하나씩 더 돋아난 것처럼 보여. 마치 '제3의 손'처럼 말이야. 자신의 진짜 손이 사라진다 해도 다른 한 손에 스마트폰만 쥐고 있다면 알아채지 못하는 사람도 있을지 몰라. 집사들이 드라마나 영화를 볼 때 내가 봤는데, 배우들의 손에도 늘 스마트폰이 들려 있더라고. 스마트폰이 없으면 이야기 전개가 안 되는 거야?

우리 집사들만 해도 그래. 연집사는 스마트폰을 이용해 날

씨를 검색하고 먹거리를 사고 나와 헤세의 간식을 사고 옷에 묻은 얼룩 지우는 법을 검색하고 뉴스를 보고 친구들의 근황을 구경하고 음악을 듣고 메시지를 확인하지. 석집사도 스마트폰으로 야구 중계를 보고, 뉴스를 보고, 사진을 찍고⋯⋯ 아, 그래. 말이 나왔으니 얘기하는데 내가 배를 까고 바닥에 누워 있을 때, 사냥놀이를 하기 위해 엉덩이를 실룩거릴 때, 캣타워에 올라가 새를 구경하고 있을 때, 심지어 잠에 빠지려 할 때도 집사들은 스마트폰을 불쑥 들이밀어. 내 사진을 찍는다는데 내 의사는 물어보지도 않으면서 찍은 뒤에 보여주지도 않아. 저희끼리 잘 나왔네, 귀엽네, 우습네 이야기하며 시시덕거리지.

그다음, 내 사진을 SNS에 올리지. "어머, 어쩜 이렇게 귀여워요!" "나만 고양이 없어." 이런 댓글을 받으며 즐거워하지. 아니, 내 얼굴로 왜 자기들이 칭찬을 받는 거야? 내게도 초상권이 있음을 상기시키려고 소리쳐봤지만 듣지도 않아. 내 사생활이 지나치게 노출되고 있다는 것은 문제라고.

가장 이해할 수 없는 것은 내가 여기 이렇게 살아 움직이는데, 나를 두고 스마트폰으로 다른 고양이들 영상을 보는 거야. 귀엽다며 감탄하고 '하트' 버튼을 누르기까지 하지. 내가 스마트폰을 머리로 밀치며 나를 좀 보라고 여기 진짜 고양이가 있다고 집사 품을 비집고 들어가면 "당주야, 방해하지 말고 저리 가서 놀아. 착하지?" 이렇게 말한단다. 방해라니? 지금 자기 삶을 방해하는 게 나란 말이야? 내가 보기엔 집사의 삶과 내 묘생까지, 우리의 시간을 심각하게 방해하는 게 스마트폰인 것 같은데 말이야.

사람들은 정말 이상해. 우리가 지금 여기, 이 순간을 살고 있음을 믿지 못하는 것 같아. 고양이를 좋아하면 여기, 존재하는 나를 보면 되는데 액정 속의 고양이를 봐. 음식을 먹고 싶으면 눈앞에 있는 것을 먹으면 되는데 액정 속에서 음식을 먹고 있는 누군가를 봐. 여행을 가고 싶으면 떠나면 되는데 액정 속에서 다른 누군가가 여행하는 모습을 봐. 사랑하고 싶으면 사랑하면 되는데 액정 속에서 사랑을 속삭이는 누군가를 봐.

이상하지 않니? 진짜 삶이 어디인 거야? 여기인가, 스마트폰 속인가? 가끔 헷갈려. 나도 액정 속으로 들어가야 하나? 그래야 집사들이 나를 더 오래, 충실히 바라봐줄까? 나를 만지면서도 한 손에는 스마트폰을 들고 있는 모습이 꼴 보기 싫다고.

세상은 이렇게 크고 넓은데 사람들은 왜 수그린 채 화면만 보는 걸까? 그 세상은 아주 작고, 깨지기 쉬운데 말이야.

집사묘시
執 事 猫 詩

15

"오늘 행운이 찾아왔다면

열지 마세요

열릴 거예요"

고양이

땅 위에 붙어사는 새

가로로 길게 누운 봄의 등고선

털을 뒤집어쓴 키스

시계추에 매달려 도망가는 리듬

높이를 낚아챈 비행선

가볍게 흘러내리는, 레이스

오늘 행운이 찾아왔다면

열지 마세요
열릴 거예요

묘생묘책

猫 生 猫 策

16

"고양이를 두고 여행을 가는 게 걱정이라고?
그렇다면 가지 마. 절대 가지 않는 게 좋겠어.
나 당주가 선포한다. 모든 집사들, 여행 금지!"

여행 가지 마!

 내가 왜 몰랐을까? 진작 눈치를 챘어야 했는데. 최근엔 이런 적이 거의 없었거든. 아무 문제도 없었어. 고요하고 태평한 생활이 지속되었으니까. 그런데 또 이런 일이 일어난 거야.

 무슨 일이냐고? 집사들이 아무 말도 없이 며칠씩 집을 비우는 일 말이야. 자기들은 '여행'이라 부르지만 내가 보기엔 '무단 가출'이 분명한 이 몹쓸 행태를 어떻게 생각해? 화가 났냐고? 그러니까 내가 화가 났는지 묻는 거라면 글쎄, 그걸 말이라고 하나? 화가 나다못해 침울해지기까지 했단 말이야!

사람들이 오해하는 게 있지. 고양이는 외로움을 느끼지 않고 혼자 있는 시간을 즐기며 방해하는 것을 싫어하는 존재라고 말이야. 맞는 이야기지만 틀린 이야기이기도 해. 내가 정정해주지. 고양이는 외로움을 느끼지 않는 것처럼 '보일 수' 있지만 오해이고, '집사가 있는 집에서' 혼자 있는 시간을 즐기며 '쉬고 싶을 때' 방해하거나 참견하는 것을 싫어하지.

나는 언제 어디서나 주목받는 일을 즐기며 입신양명을 남몰래 꿈꾸고 있지. 세상의 중심에 놓인 고양이로서 늘 사람 곁에 머물고 싶어하는 편이야. 사람들은 사용하기에 편리하고 내게 이롭거든. 내가 그윽한 눈빛을 보이며 무릎에 볼을 살짝 비비기만 해도 내 요구사항이라면 무엇이든 들어주려 하지. 사람들을 내 편으로 만드는 일은 너무 쉬워서 한숨이 나올 정도야. 그들은 대체로 나를 보는 순간 반해버리거든. 나도 알아. 당연한 일이지. 나처럼 완벽한 존재를 보고 어떻게 탄미하지 않겠어?

내가 우려하는 건 사람들을 내 편으로 만들지 못할 것 같아서가 아니야. 사람들이 내 곁에 없을 때, 그때가 두렵지. 해가 없으면 꽃이 피겠어? 집사의 관심은 식물에게 필요한 일조량 같은 거라고. 그런데 이들이 여행을 갔지. 갔어! 정확한 날짜는 모르겠지만 몇 번이나 해가 지고 해가 떠오르더군. 현관 쪽에서 소리가 날 때마다 귀를 기울이며 집사들의 기척이 들리는지 살펴봤지. 집사들이 왜 돌아오지 않는지 영문을 모르는 헤세는 침실, 거실, 현관 앞을 서성이며 몇 번이나 울부짖었지! 원래 헤세는 자기 뜻대로 일이 풀리지 않으면 아무때나 목청을 높여 울부짖는 아이거든.

집사들이 집을 비운 동안 여러 사람이 왔어. 혼자 오는 사람도 둘이 오는 사람도 셋이 오는 사람도 있더군. 어른도 있고 아이도 있었어. 그때마다 나는 현관 앞까지 몸소 달려가 반갑게 인사했지. 내가 호의를 보여 누구라도 이 집에서 나랑 같이 살게 만들고 싶어서 애교를 부렸지. 배를 보이며 누워 골골송을 부르고 무릎 근처에 '번팅'을 하고 그들이 내 옆을 떠나지 못하도록 걸음을 막으며 큰 소리로 명령했지.

헤세는 겁쟁이라 침대 아래나 소파 밑에 숨어서 벌벌 떨었어. 낯선 사람을 보면 늘 이런다니까. 내가 헤세에게 울지 말라고 이 기회에 집사를 바꾸는 것도 생각해봐야 한다고, 이 사람들은 우리 화장실을 청소하고 새 밥을 주고 깨끗한 물을 주기 위해 고용된 사람들이라고 설명해 주었지만 공포에 사로잡혀 듣지도 않더군. 저애는 아직도 수렵시대에 살아. 셰익스피어 알지? "사냥하느냐 당하느냐, 그것이 문제로다!"

어떤 사람은 밥과 간식을 주고는 떠나고 어떤 사람은 장난감을 흔들며 인내심을 발휘해 헤세를 부르다 떠나고, 어떤 사람은 하룻밤을 우리와 보냈지만 결국 가더라고. 불안했어. 내 루틴이 완전히 깨졌기 때문이야. 정확한 시간에 일어나 밥을 먹고 아침 간식을 먹고 화장실에 가고 집사들이 외출한 오후에는 낮잠을 즐기다 집사들이 돌아오면 밥을 먹고 오후 간식을 먹고 화장실에 가고 사냥놀이를 하고 집사와 침대에서 오늘 하루 있었던 일을 말하다 몸을 밀착한 채 잠드는 일상……

루틴이 깨지고 나니 슬픔이 오더라. 제2의 집사가 될 수도 있었을 친절한 사람들이 왔다 떠나고, 날이 밝았다 어두워졌지. 헤세는 여전히 울고 웬일인지 늘 먹던 밥도 맛이 없었어. 너무 고요해서 시끄러울 정도의 정적이 집을 감쌌지.

맞아, 슬퍼졌어. 좀처럼 이런 일은 없는데 스스로가 초라하게 느껴지기도 했지.

"당주는 오늘도 건식을 거의 안 먹었네요. 방금 캔을 따주었는데 그건 잘 먹어요. 걱정하지 마세요. 잘 지내요."

집사에게 전화를 걸어 이런 이야기를 하는 사람의 표정은 평화롭고 선해 보여. 하지만 그는 몰라. 나는 잘 지내지 못했는걸.

사람들은 왜 자기 영역을 떠나고 싶어하는 거야? 왜 잘 알지도 못하는, 위험이 도사리고 있는 밖으로 나가는 거야? 집사들이 도대체 어디에 가서 어떤 시간을 보내다 오는지 궁금해. 내가 먹을 것을 사냥하러 가는 건가?

낯선 냄새를 잔뜩 묻혀 돌아온 집사들이 우리를 향해 호들갑스레 보고 싶었다고 하는데 조금 화가 났어. 이유는 모르겠는데 심통이 나더라. 집사들이 돌아온 날 밤, 헤세는 흥분이 가라앉지 않는지 밤새 잠을 안 자고 왔다 갔다 하며 소리를 질러댔어. 다음날부터 울지 않고 곧 편안해졌지만. 나는 그러려고 그런 건 아닌데, 여러 날 동안 눈에 기분 나쁜 약을 넣어야 할 정도로 컨디션이 좋지 않았지. 집사들 말로는 결막염에 걸렸대. 미안해서 쩔쩔매며 여러 번 사과하길래 마음이 풀어졌지. 그래도 눈에 약을 넣는 건 정말 싫어.

오늘은 영 기분이 좋지 않아. 이럴 때도 있는 거겠지.

집사묘시

執事猫詩

16

"나의 헤세 검은 헤세 아름다운 헤세 무결한 헤세

검은 숲을 휘젓는 검은 나무들

사랑해서, 어쩌지?

먼 훗날의 내가 먼 옛날을 후회하면 어쩌지?"

속수무책

너를 처음 본 날
닫힌 마음으로 갔지
친구의 고양이가 죽어서

사랑하는 일이
우리에게 지옥을 불러온다는 것을 알아서
보고도 못 본 척,

너를 처음 본 날
먼 훗날이 떠올랐지

아주 먼 훗날의 우리가

벌을 받는 사람처럼 나는
쏟아지는 별에 등이 찔릴 거야
어떤 쏟아짐은 무거워서
사람을 아주 찌그러뜨리기도 하니까

눈을 감고 갔지 나는
너를 외면하기로 작정을 하고

카페 사장님들이 커피를 볶는 곳,
검은 원두들이 온몸으로 향을 내뿜는 곳에서
너는 작고 까만 등을 내게 보였지
노란 샘물 같은 눈빛을 하고

사랑하는 사람은 너를 안자마자 해제됐지 낱낱이
단숨에 너를 가슴에 품었지
나는 그러지 못했지만

까만 태풍 같은 아이야,
나의 헤세 검은 헤세 아름다운 헤세 무결한 헤세

검은 숲을 휘젓는 검은 나무들

사랑해서, 어쩌지?
먼 훗날의 내가 먼 옛날을 후회하면 어쩌지?

그러나 나는 너를 열고
검은 숲에 들어가고

검은 사람이 되어
검은 세계를 헤맬지라도

어쩌할 도리가 없어

묘생묘책
猫 生 猫 策

17

"고양이가 당신에게 토라진 것 같은데 어떻게 화해할 수 있냐고?
당신과 고양이의 관계가 깊고 신실하다면 토라져도 토라진 게 아닐 거야. 고양이는 자신을 깊이 사랑하는 사람은 그냥 알거든. 당신도 그렇지 않아? 고양이와 집사의 싸움은 칼로 츄르 베기!"

치통보다 아픈 건 불통!

"당주가 머리가 조금만 덜 좋았다면 좋을 텐데. 눈치가 조금만 덜 빨랐다면……"

이건 저 멀리서 (요새 나와 연집사의 거리가 좀 멀다) 내 쪽을 바라보며 중얼거리는 연집사의 혼잣말이야. 너무하지. 저 양반은 모르나봐. 내가 머리가 좋기에 험난한 길 생활을 버티고 여러 집을 거쳐 겨우 이곳에 당도해 요만큼이나마 살고 있다는 것을! 연집사의 말은 마치 군인에게 "저 사람 총만 없다면, 내 마음대로 통제해 항복하게 할 수 있을 텐데" 하는 꼴 아니겠어? 누누이 말하건대, 나는 상위 0.1퍼센트 안에 드는 영특한 고양이라고! 그래서 지금까지 살아남았고, 만인과 만묘(萬猫)를 향해 이렇게 내 의견을 설파할 수 있는 게지. 사실 미모는 거들 뿐 머리가 좋은 것이 내 생존에 유리하다는 것을 저이는 정녕 모르는 걸까?

오늘 나는 하소연을 좀 하려고 해. 누가 연집사 좀 말려줘. 나만을 사랑한다고 맹세하던 연집사가 마음이 변했나봐. 도대체 내게 왜 이러는지 모르겠어. 어느 날 갑자기 나를 이동장에 강제로 넣어 병원에 데려가더니 무자비한 사람들이 내 이빨을 두 개나 뽑게 하고(물론 기억은 안 나지만 집사 말로는 이빨을 두 개나 뽑았대) 그것도 성에 안 차 매일 내 입을 강제로 벌려 알약을 먹이는 거야. 내가 싫다고, 그렇게나 비명을 질렀는데도!

속상한 건 내가 연집사에게 충분히 의사 표현을 했다는 거야. "이거 놔! 싫어!" 하고 외쳤지. 병원에 간 첫날 스트레스를 얼마나 받았으면 이동장에 오줌을 다 쌌겠어? 세상에서 제일 깔끔한 내가 꼬리와 엉덩이에 오줌을 다 묻혔다고. 정말 수치

스럽군. 내 영역을 떠나는 것, 그건 내게 세상이 끝나는 일과 같아.

 집사의 말을 어디까지 믿어야 할지 모르겠는데, 내가 '치아흡수성병변'을 앓고 있어 발치를 할 수밖에 없다는 거야. 고양이에게 흔한 병이니 걱정하지 말라면서. 물론 얼마 동안 치통이 있었던 건 사실이야. 숨기려 했는데 티가 났나봐. 밥을 예전보다 못 먹어 살도 조금 빠졌지. 전보다 책장 위에 올라가 혼자 웅크리고 있던 시간이 많았고 말이야. 그렇지만 내 몸은 내가 잘 알아. 시간이 지나면 나아지겠지. 병원 사람들이 어떻게 내 몸을 나보다 더 잘 안다는 거야? 그들을 어떻게 믿지?

 병원에 끌려가 이를 뽑고 스케일링까지 받고 온 첫날은 지옥이었어. 누가 내 얼굴을 망치로 가격하고 지나간 것처럼 얼얼하고 우울했지. 혼자 있고 싶어 구석에 웅크리고 있는데 연집사와 석집사가 귀찮게 나를 들여다보고, 이불을 덮어주고 가더라. 그러면 뭐해. 고통은 홀로 겪을 수밖에 없는 법.

나는 잘 견뎠어. 며칠 지나니 통증도 가라앉고 밥도 잘 먹게 되었지. 문제는 다음날부터 연집사가 내 뒤로 몰래 다가와 억지로 입을 벌리고 알약을 먹이는 거야. 아파죽겠는데, 날 좀 가만히 두지 않고!

연집사에 대한 내 믿음은 흔들렸지. 사랑한다면서 왜 이러는 거야? 심지어 석집사에게 내가 꼼짝 못하게 몸을 잡고 있으라고 시키기까지 했어. 다행히 예의가 있는 석집사는 내 몸을 잡으려다 놓아주며 "나는 마음이 약해 못하겠어" 하더군. 내가 "이거 놔! 이 나쁜 것들아!" 하고 비명을 질렀거든. 석집사는 가련한 나를 감싸며 내 편을 들었지. 악독한 연집사는 뭐라는 줄 알아?

"당신이 이렇게 마음을 약하게 먹으면 어떻게 해! 약을 안 먹이면 수술 후 염증이 심해져 당주가 더 아플 수 있다고! 싫어도 해야지. 아프면 안 되니까! 난 뭐 마음이 강철이야?"

내가 보기에 연집사는 강철이야. 피도 눈물도 없어. 요새 왜 저러는지 동정심이라고는 없나봐. 나는 석집사가 조금 더 나은 인격을 가졌다고 확실히 결론을 내렸어.

어느 날은 내가 일곱 번이나 입에 들어온 약을 뱉어내고 화가 나서 연집사의 손등을 세게 할퀴었어. 피가 났지. 연집사는 "그만하자. 싫으면 약 먹지 마! 네가 아프지 내가 아프냐?" 하더니 침대에 모로 눕더라. 나는 재빨리 침대 아래로 기어들어가 숨었어. 이 모든 상황이 불안했어. 한참을 엎드려 있으니 마음이 진정되어 침대 위 상황을 살피는데 연집사가 너무 슬퍼하는 것 같은 거야. 어떻게 아냐고? 나는 집사들의 기운을 느끼거든. 그냥 알 수 있어. 나는 침대 아래에서 나와 집사 곁으로 올라갔어. 연집사의 종아리에 얼굴을 비벼보았어. 화가 난 건 분명히 나인데 왠지 연집사에게 미안한 마음이 드는 거야. 이게 어떤 감정인지 모르겠어. 연집사가 내게 하는 행동은 분명 무례하고 기분 나쁜데 나를 사랑하는 것도 느껴지거든.

나는 누워 있는 연집사의 손에 얼굴을 기대고 누워 '골골송'

을 불렀어. 오랜만에 평화로운 기분이 들더라. 우리 그만 싸우고 예전으로 돌아가자고 내 마음을 전했지. 연집사는 내 머리를 쓰다듬으며 계속 미안하다, 미안하다 하더라. 나는 연집사가 이제라도 정신을 차리고 반성을 하나보다 안심했어.

"사랑하는 건 너무 힘들어. 정말이야 당주야. 사랑하는 건 너무너무 힘들어. 마음이 아파. 네가 아픈 게 너무 아파."

연집사는 자꾸 내 앞에서 아프다고 해. 아픈 건 난데 자기가 더 아프대. 실제로 연집사도 알약을 먹어. 내가 아파서 자기도 대상포진에 걸렸다나? 대상포진이 뭔지 모르지만 이빨 두 개를 뽑는 것보다는 안 아프겠지!

나는 이제 다 끝났다고 생각했어. 그런데 다음날! 내가 잠깐 방심하고 창밖의 새들을 구경하는 틈에 연집사가 뒤에서 재빨리 내 입을 벌리고 알약을 목구멍에 밀어넣었어. 정신이 없어 발버둥도 못 치고 단 한 번에 당해버렸지. 연집사는 고맙다며 내 입에 츄르를 막무가내로 넣었어. 맛있는 츄르가 입안으로 들어오니 일단 먹었어. 츄르는 맛있으니까! 나는 먹으면서 이 일이 기분 나쁜 일인지 기분 좋은 일인지 판단하려고 애를 쓰는데 모르겠더라. 정신이 없었어.

"끝! 오늘 약은 끝!"

연집사는 뭐가 그렇게 신나는지 콧노래를 부르며 다른 방으로 사라졌어.

도대체 이 여자 뭘까? 내게 왜 이러는 거야?

집사묘시
執 事 猫 詩

17

"사랑하는 것들, 다 죽겠지

언젠가는

그렇지 않겠어?

내 고양이들, 언젠가는 죽겠지"

마리아 엘레나 2

사랑하는 것들, 다 죽겠지
언젠가는

그렇지 않겠어?

내 고양이들, 언젠가는 죽겠지

어느 여름 저녁
파초 잎 아래에서 내가 운다면,

펄펄 울고 있다면

맞은편 창에서 흘러나오는 〈마리아 엘레나〉 때문이겠지

할 수 있다면
음악보다 더 슬피 뭉개질 텐데

죽은 내 고양이 앞발을 붙잡고 노래할 텐데
마치 다 없던 일처럼

내 흰 고양이 마리아 엘레나
내 검은 고양이 마리아 엘레나

사랑했던,

몹시
사랑했던

정수리에 내려앉은 햇빛 냄새를 한 번만 더 맡고 싶어요,
파초 잎을 흔들며 애원하겠지

어느 날 나는 다른 사람이 되어 있겠지
그러나 내 영혼은 파초 아래 영원히 묻혔네

묘생묘책

猫 生 猫 策

18

"더워서 잠을 못 자겠다고?
집에 쇠로 만든 가구나 물건이 있으면 거기에
몸을 대고 가만히 엎드려봐. 그다음 눈 감고 귀
뚜라미 소리를 상상해봐. 곧 가을이 올 거야."

여름밤은
사랑을 고백하기에 좋지

창문을 열면 매미 소리에 귀가 따갑네. 바람 한 점 없는 날씨야. 더위에 강한 편인 고양이도 한낮엔 엿가락처럼 늘어져 있지. 연집사는 집 근처 길고양이에게 준다며 캔을 들고 나갔어. 무더위에 지친 길고양이들이 걱정이라며 먹일 것을 주섬주섬 챙겨 나가는데 묘하게 신경이 거슬리더군. 내 밥! 왜 허락도 받지 않고 내 식량을 들고 나가는 거야? 이왕이면 내가 좋아하는 간식 캔 말고 밍밍한 맛이 나는 주식 캔을 주면 좋겠는데 말이야.

조금 있으니 연집사가 빨개진 얼굴을 하고 들어왔어.

"길이 펄펄 끓는 것 같아. 새끼 고양이 두 마리가 차 밑에 엎드려 있잖아. 조금이라도 그늘진 데를 찾는 거지. 캔을 주니 얼마나 잘 먹던지!"

아무도 물어보지 않았는데 연집사는 혼잣말을 해. 마루에 대자로 누워 에어컨 바람을 쐬며 연집사는 잔소리를 시작해.

"너희는 털까지 가졌으니 얼마나 덥겠니. 더우면 말해. 엄마가 시원하게 털을 빡빡 밀어줄 테니. 너희 그걸 알아야 해. 우리집은 시원한 편이야. 거실 바닥이 대리석이니 얼마나 시원하니? 가만히 누워서 시원하다, 시원하다 생각하면 그게 피서지 뭐니. 길고양이들을 생각해봐. 뜨거운 아스팔트에서 얼마나 힘들겠어. 당주야, 너는 행복한 고양이지? 응? 말해봐."

누가 연집사의 입 좀 막아줘. 저 양반이 이런 말만 하지 않는다면 행복한 고양이라고 자부할 수 있을 텐데. 그리고 털을 빡빡 밀어주겠다는 말은 뭐야? 공포영화야? 냇물이 있다면 당장 두 귀를 씻을 텐데 냇물이 없으므로 나는 대꾸하지 않은 채 서재로 갔어. 더운 건 싫지만 그보다 더 싫은 건 에어컨 바람이야. 기분 나쁜 바람이 끈질기게 나오는 에어컨이 거실에 하나 침실에 하나 있어. 집사들은 대개 한낮이나 한밤중에 에어컨을 켜는데 나는 에어컨 없이 쾌적하고 시원한 곳에 있고 싶더라. 선선한 바람, 자연 바람만으로 시원한 기분을 느끼고 싶다는 얘기지. 요새는 새벽에도 뜨거운 바람이 불어서 힘들어. 그루밍을 열심히 해도 털이 금방 눅눅해지거든.

헤세와 나는 집에서 가장 덜 덥고 에어컨 바람도 오지 않는 서재에서 여름 한낮을 보내. 나는 책장 위에 올라가 턱을 괴고 아래를 구경하고 헤세는 책상 아래에 길게 누워 낮잠을 잔단다. 헤세도 여름에는 더운지 순하게 잠만 자. 잘 때가 제일 예쁘지. 이제 헤세와는 눈만 마주쳐도 서로의 마음을 알아. 헤세가 갑자기 왜 우는지 뭘 원하는지 집사들보다 내가 더 잘 알지. 처음에는 헤세와 친해지지 못할 거라고 생각했는데 어떻게 식구가 됐을까?

얼마나 잤는지 눈을 떠보니 이상하게 고요해. 거실로 나가보니 에어컨은 꺼져 있고 찬 공기가 안개처럼 집안 곳곳을 채워 적당히 시원했어.

더위에 지쳤는지 집사들도 침대에 누워 낮잠을 자고 있어. 내가 먼저 침대에 뛰어올라가자 헤세가 따라왔어. 밖은 서서히 어둑해지고 있었지. 배가 고픈지 헤세가 조금 칭얼거렸지만 집사들은 깨지 않아. 어쩌면 지금이 한밤중인지도 모르겠어. 저녁인지 밤인지 새벽인지…… 자다 깨면 시간을 모르겠는 때 있잖아. 잠과 꿈과 현실 사이에서 졸고 있을 때.

"여름도 이제 끝이야. 저녁에는 그래도 견딜 만하네."

옆으로 돌아누우며 연집사가 말했어. 대단하지? 연집사는 자면서도 말을 한다니까. 잠에서 깬 석집사가 천장을 바라보며 이런 말을 해.

"여름의 끝에 와 있을 때, 이때 느껴지는 쓸쓸함이 좋지 않아? 매미들의 시끄러운 울음소리가 작아지고 열기도 서서히 사그라지는 저녁 무렵. 사위가 고요해질 때 말이야. 왠지 섭섭하고 뭉클한 기분이 들잖아. 이런 기분을 '멜랑콜리'라고 하지."

"지금 '멜랑콜리'의 뜻을 설명하는 거야? 그건 나도 안다고."
"그래, 뭐 어쨌든. 고양이들도 이 기분을 알까?"
"고양이들이 어떻게 알겠어? 슬픔도 기쁨도 아닌, 중간 지대에 끼어 있는 축축한 기분인데."
"그런데 이 귀여운 것들, 언제 침대로 온 거야? 넷이 나란히 붙어 있었네."
"침대가 너무 좁아. 잘 때 몸을 못 펴겠어. 조만간 큰 침대로 바꿔야겠어."
"바보야, 이렇게 식구들이 붙어 잘 때가 좋은 거야."
"그런가?"
"그럼."

나와 헤세는 집사들이 낮은 음성으로 두런두런 이야기하는 것을 들으며 엎드려 있어. 자도 자도 졸음이 쏟아져. 시간이 멈춘 것 같아.

지금까지의 내 묘생이 전부 여름밤은 아니었을까, 기분이 이상해. 쓸쓸한데 행복해.

침대 위에 길게 누운 우리 넷이 천천히 지나가는 여름을 보고 있어. 문득 집사들의 대화에 끼어들고 싶어. 이런 얘기를 할 거야.

우리는 가족이야.

누구도 피가 섞이지 않았지만.

진짜, 사랑하는 가족.

집사묘시
執 事 猫 詩

18

"내 고양이가 눈을 감자

달빛, 쑥부쟁이, 돌과 참새가

사라졌다

한꺼번에"

도착

모서리를 사랑하는 고양이에게 물었다

너는 땅을 찢고 태어난 초록도 아니고
가지 끝에서 터져나오는 열매도 아니지
공룡처럼 알을 깨고 나오지도 않았어

너는 어떻게 우리에게 왔지?

새벽 나무에서 달아나는

잎이,

잎이,

잎이,

달아나면서 너를
데리고 왔나?

네발로 밤을 저울질하는 고양이야
너는 흰 털로 포장한 용수철
날개를 털어버린 새
잠 사냥꾼
산 사랑과 죽은 사랑을 골라내는 자
새벽 세시의 적요,

모서리를 사랑하는 고양이에게 물었다

구겨진 시트 위에 뭘 올려두었지?

여름의 끝,
희미해지는 열기
바람의 찬 꼬리
가을의 배냇저고리
옛날에 가졌던 이름들
먼 곳의 물소리
먼 곳의 발소리
이런 것
날 보는 네 초조한 행복
이런 것

내 고양이는 복화술로 답하지

여름의 끝에 도착했으니,
같이 잘까?

내 고양이가 눈을 감자

달빛, 쑥부쟁이, 돌과 참새가

사라졌다

한꺼번에

묘책

ⓒ박연준 2025

초판 1쇄 인쇄 2025년 11월 20일
초판 1쇄 발행 2025년 12월 1일

지은이 박연준
펴낸이 김민정
책임편집 유성원
편집 정가현 민윤지 정수범
디자인 한혜진
저작권 박지영 형소진 주은수 오서영 조경은
마케팅 정민호 박치우 한민아 이민경 박진희 황승현 김경언
브랜딩 함유지 박민재 이송이 박다솔 조다현 김하연 이준희
제작 강신은 김동욱 이순호
제작처 영신사

펴낸곳 (주)난다
출판등록 2016년 8월 25일 제406-2016-000108호
주소 10881 경기도 파주시 회동길 210
저작권 및 독자문의 copyright_nanda@munhak.com
작가섭외 및 행사문의 innanda@munhak.com
페이스북 @nandaisart **인스타그램** @nandaisart **엑스** @wingedpoems
문의전화 031-955-8865(편집) 031-955-2689(마케팅) 031-955-8855(팩스)

ISBN 979-11-24065-17-4 03810

○ 이 책의 판권은 지은이와 (주)난다에 있습니다.
○ 이 책 내용의 전부 또는 일부를 재사용하려면 반드시 양측의 서면 동의를 받아야 합니다.
○ 난다는 (주)문학동네의 계열사입니다.
○ 잘못된 책은 구입하신 서점에서 교환해드립니다.
  기타 교환 문의: 031-955-2661, 3580